Astrid Siefert · Bernd Siefert

Lady Marmelade

Die süße Verführung

Marmeladen, Konfitüren, Gelees
und Fruchtaufstriche selber machen
und kreativ beim Kochen einsetzen.

ESSENTO

Herzlich willkommen

Marmelade, die süße Verführung. Seit jeher gehört ihre Herstellung zu unserem Café in Michelstadt im Odenwald. Und wir essen sie auch gerne und mit Begeisterung, natürlich unter dem Deckmantel der Qualitätskontrolle. Mit dem Wort Marmelade müssen wir allerdings vorsichtig sein: Wir, wie wahrscheinlich die meisten anderen auch, verwenden allgemein das Wort Marmelade für Aufstriche aus in Zucker eingekochten Früchten. Streng genommen dürfen wir Marmelade heute in Deutschland nur für Fruchtaufstriche verwenden, die aus Zitrusfrüchten hergestellt sind. Es gibt tatsächlich eine Verordnung, die regelt, welches Wort wir für welche Art von Aufstrich verwenden dürfen.

Es muss nicht immer Erdbeere oder Zwetschge sein. Neben der Begeisterung für die klassischen und traditionellen Aufstriche, haben wir angefangen zu experimentieren. Jede Reise ins Ausland und jeder Kontakt zu fremden Küchen und Regionen ließ bei uns den Gedanken aufkommen: „Daraus kann man bestimmt auch Marmelade machen." Das Spiel mit exotischen Früchten, aber auch Gemüse, besonderen Gewürzen und ausgefallenen Kombinationen wurde für uns fester Bestandteil der Herstellung von Aufstrichen.

Fruchtaufstriche benutzen wir allerdings nicht nur am Frühstückstisch, wir setzen sie auch beim Kochen ein. Oftmals sind sie das leckere Tüpfelchen, mit dem wir Gerichte raffiniert abrunden.

Wir laden Sie ein in unsere Welt der Marmeladen. Entschuldigung: der Marmeladen, Konfitüren, Gelees und Fruchtaufstriche. Dabei hoffen wir, Ihnen unsere Freude vermitteln zu können. Und unsere Botschaft: Spielen Sie, probieren Sie aus, seien Sie kreativ. Denn kulinarischer Genuss findet jenseits von Verordnungen und Dogmen statt.

Ihre Astrid & Bernd Siefert

Die Konditoren-Geschwister Astrid & Bernd Siefert betreiben gemeinsam das seit 1793 in Familienbesitz befindliche Café Siefert in Michelstadt im Odenwald. Das Café Siefert ist die höchstdekorierte Konditorei Deutschlands und führt neben Kuchen, Torten, Pralinen und Schokoladen dauerhaft über 120 Sorten Fruchtaufstriche in seinem Sortiment.

Bernd Siefert gehört zu den führenden Pâtissiers weltweit. Von New York, Dubai, Moskau bis nach Tokio: Seine Kreationen gehören zu den Highlights prominenter Veranstaltungen, seine Lehrgänge und Seminare zu den begehrtesten der Branche. Wenn Filmstars, Modezaren oder Scheichs exquisite Desserts wünschen, ist der Odenwälder gefragt. Durch zahlreiche Show- und Fernsehauftritte ist der Weltmeister der Konditoren über die Grenzen seiner Zunft bekannt.

www.cafesiefert.de

Inhalt

Mary malade

Die Geschichte der Fruchtaufstriche ist eine in der Lebensmittelgeschichte relativ junge. Der Durchbruch kam erst im 19. Jahrhundert, als Zucker erschwinglich und Pektin entdeckt wurde.

Obwohl es heute eine große Zahl fertiger Produkte zu kaufen gibt, erlebt die private Herstellung von Fruchtaufstrichen einen neuen Boom. Dabei spielt für den modernen Menschen nicht mehr die Verarbeitung der Ernte aus dem eigenen Garten die vornehmliche Rolle, sondern Geschmack und Qualität.

Das mangelnde Vertrauen in die industrielle Produktion und der Wunsch nach Individualität bestimmen diesen Trend. In der eigenen Herstellung haben wir vollen Zugriff auf die Zutaten, können Geschmacksrichtungen selber bestimmen und auch exotische Versuche unternehmen.

Die Marmelade soll in Schottland erfunden worden sein: Ende des 18. Jahrhunderts lief ein spanisches Schiff wegen aufkommender Sturmböen in den Hafen von Dundee in Schottland ein. Geladen hatte es eine große Menge Bitterorangen, die im Zuge des Aufenthalts zu verfaulen drohte. Die Fracht wurde kurzerhand zum Schnäppchenpreis vom englischen Kaufmann James Keiller erworben, dessen Frau sich sofort der Aufgabe hingab, die Früchte einzukochen.

Da die Orangen im Rohzustand ungenießbar waren, hackte sie diese in kleine Stücke und kochte sie mit sehr viel Zucker ein. Die Portionierung in kleine Gläser machte das Produkt verkaufsfähig.

Für die Familie Keiller war dies ein Glücksfall: Die Nachfrage nach der Leckerei entwickelte sich schnell und führte 1797 zur Gründung der ersten Marmeladenmanufaktur der Welt, in der der Grundstein für die berühmte schottische Bitterorangenmarmelade gelegt wurde. Die Fabrik produziert heute immer noch nach dem Originalrezept von Mrs. Keiller. Nach eigenem Bekunden schreiben sich die Schotten auch die Erfindung des Wortes Marmelade zu: Seeleute sollen die schottische Königin Mary wegen ihrer Seekrankheit mit dem Ausdruck „Mary malade" belegt haben. Kuriert wurde sie von ihrem Leiden angeblich erst durch einen Schiffsarzt, der ihr Orangenmarmelade verabreichte.

Wesentlich naheliegender ist allerdings die Herkunft des Wortes aus dem dem Portugiesischen. Dort bezeichnet das Wort „marmelo" die Quitte. Bereits vor ca. 2.000 Jahren wurden in der Region des heutigen Portugal Quitten in Honig eingelegt. Der so entstandene Quittenhonig wurde „marmeleiro" genannt und übertrug sich als Bezeichnung mit der Zeit auch auf ähnliche Produkte. Der Begriff Marmelade setzte sich bei uns erst gegen Ende des 19. Jahrhunderts durch.

Ebenfalls fällt das Aufkommen von Fruchtaufstrichen, wie wir sie heute kennen, in diese Zeit. Grund dafür war, dass Zucker erschwinglich wurde. Bis zum 19. Jahrhundert war Zucker ein teures Gut. Zwar wurden auch vorher Früchte zur Haltbarmachung eingekocht, es entstand nach stundenlangem Kochen jedoch nur ein farb- und geschmackloser Mus. Die Entdeckung des Pektins im 19. Jahrhundert und die Vermischung desselbigen mit Zucker zu einer Geliermischung ermöglichten das schnelle Einkochen und führten zu einem Einmachboom, der aus den normalen Küchen nicht mehr wegzudenken war.

In der Nachkriegszeit ersetzte die industrielle Fertigung immer mehr die selbst gemachten Marmeladen. Der Trend zu selbst gemachten Produkten lebt heute allerdings wieder auf. Dazu tragen gesteigertes ein Ernährungsbewusstsein und der Wunsch nach Individualität bei.

Der Begriff Marmelade wurde bis 1982 allgemein für nahezu jeglichen Fruchtaufstrich verwendet. Die Marmelade unterschied sich von der Konfitüre darin, dass bei der Konfitüre noch Fruchtstücke erkennbar waren. Seit der Konfitüren-Verordnung aus dem Jahr 1982 sind die Bezeichnungen verschiedener Aufstriche in Werbung und Verkauf allerdings streng reglementiert. Diese Reglementierung setzt sich seit 2001 durch eine entsprechende Richtline auch auf EU-Ebene fort, in der genau definiert ist, was als Marmelade, Konfitüre, Gelee und Maronenkrem bezeichnet werden darf. Aufstriche, die außerhalb dieses Definitionswerkes liegen, dürfen nur als Fruchtaufstrich bezeichnet werden.

Hier sei angemerkt, dass diese Verordnungen nur für Werbung und Verkauf bedeutsam sind. Im allgemeinen Sprachgebrauch werden immer noch die althergebrachten, regional auch unterschiedlichen Begriffe benutzt. Wir sollten nicht dazu übergehen, uns am Frühstückstisch Gedanken darüber zu machen, welchen Fruchtanteil der Aufstrich hat und ob er aus Zitrusfrüchten besteht, bevor wir „Reichst du mal bitte die Mamelade rüber?" fragen.

Im Nachfolgenden umreißen wir grob verschiedene Aufstrich-Arten.

Marmelade

Marmelade ist die traditionelle Bezeichnung für Fruchtaufstriche, die aus mit Zucker eingekochten Früchten bestehen. Dies traf sowohl auf Einfrucht- als auch auf Mehrfrucht-Aufstriche zu. Seit der Konfitüren-Verordnung von 1982 und laut EU-Vorschrift von 2001 dürfen mit dem Begriff „Marmelade" nur Aufstriche bezeichnet werden, die aus Zitrusfrüchten gemacht wurden. Zurückgeführt wird dies auf britischen Einfluss und die bereits vorher so benannte „Marmalade", die besondere britische Orangenmarmelade. So wurde das anders geschriebe Wort „Marmelade" ebenfalls europaweit für Aufstriche aus Zitrusfrüchten reserviert.

Konfitüre

Das Wort Konfitüre stammt aus dem Französischen und wurde als Begriff in Deutschland für Aufstriche verwendet, die nur aus einer Fruchtsorte hergestellt wurden und in denen noch Fruchtstücke erkennbar waren. Nach der Konfitüren-Verordnung dürfen als Konfitüren Aufstriche aus einer oder mehreren Früchten bezeichnet werden, bei denen der Fruchtgehalt mindestens 35 % beträgt. Den Zusatz „extra" dürfen nur Konfitüren mit einem Fruchtgehalt von mindestens 45 % führen. Die Verordnung geht natürlich noch wesentlich detaillierter und differenzierter auf die Beschaffenheit ein. Wer an der Verordnung interessiert ist, kann diese leicht unter Benutzung einer Suchmaschine im Internet finden.

Gelee

Als Gelee wird ein Aufstrich bezeichnet, der aus Fruchtsaft hergestellt wird. Der Saft wird dabei mittels eines Geliermittels eingedickt.

Maronenkrem

Maronenkrem ist die Bezeichnung für den bei uns geläufigen Kastanienmus. Maronenkrem ist eine EU-Wortschöpfung für die französische „crème de marrons" und benötigt einen Mindestanteil von 38 % Maronenmark. Eine Maronenkrem ist nicht mit Kastanienmarmelade zu verwechseln, dem traditionellen Aufstrich aus Kastanien, der nicht Zucker, sondern Honig enthält.

Fruchtaufstrich

Ein Fruchtaufstrich ist logischerweise jeder Aufstrich, der aus Früchten hergestellt wird. Im Verkauf wird der Begriff Fruchtaufstrich für diejenigen Aufstriche verwendet, die nicht den Definitionen der Konfitüren-Verordnung entsprechen.

Chutney

Chutneys liegen derzeit stark im Trend. Sie sind würzige, süß-saure oder scharf-pikante Soßen mit musartiger Konsistenz aus Frucht- oder Gemüsestücken und entstammen der indischen Küche. Nach Europa kamen Chutneys durch die Engländer. Die in Indien in aller Regel frisch zu jeder Mahlzeit zubereiteten Chutneys wurden in Europa der längeren Haltbarkeit wegen Gläsern eingemacht. Abhängig von den verwendeten Zutaten werden Chutneys ähnlich wie Marmeladen eingekocht oder kalt püriert.

Qualität lohnt sich

Die Zahl der herstellbaren Fruchtaufstrich-Varianten ist nahezu unbegrenzt. Gerade durch die Vielzahl der vorhandenen Früchte – neben den einheimischen sind auch die exotischen zu berücksichtigen – bietet sich uns ein großes Spielfeld.

Im Grunde weisen gelierte Fruchtaufstriche nur wenige Grundbestandteile auf: **Früchte, Gelier-, Süßungs-, Säuerungs- und Konservierungsmittel**. Die Abstimmung dieser einzelnen Zutatengruppen aufeinander sowie die Qualität derselbigen wirken sich auf Erfolg oder Misserfolg bei der Herstellung aus. Wer zudem noch experimentieren möchte, kann seine Aufstriche z.B. auch mit Gemüse oder raffinierten Gewürzen versehen.

Früchte

Die Früchte sind das zentrale Qualitätskriterium für Fruchtaufstriche. Sie sollten möglichst **frisch** und **reif** sein, mit **vollem Aroma** und bevorzugt aus biologischem Anbau.

Die **Reife** ist für den Zuckergehalt der Früchte bedeutsam: Je reifer, desto mehr Zucker ist in der Frucht. Auch sind in reifen Früchten die meisten Aromastoffe enthalten. Die optimale Reife der Früchte ist erreicht, wenn sie zum direkten Verzehr geeignet sind. Genauso wie unreife Früchte sollten auch überreife Früchte nicht zur Aufstrich-Herstellung verwendet werden.

Achten Sie darauf, nur **gesunde Früchte** zu verarbeiten. Faules oder verschimmeltes Obst bringt neben schlechtem Geschmack auch noch eine Schar Mikroorganismen wie Bakterien, Hefen und Pilze in das Produkt hinein.

Außerdem sollten die verwendeten Früchte **sauber** sein. Selbst bei sorgfältig geernteten Früchten empfehlen wir, diese gründlich zu waschen, um sie von unerwünschten Mikroorganismen zu befreien.

Beeren

Beeren gehören zu den klassischen Fruchtaufstrich-Zutaten. Erdbeeren, Himbeeren, Heidelbeeren: Sie haben den sonnigen Geschmack des Sommers und eignen sich für leckere Konfitüren oder Gelees.

Beeren sind in aller Regel sehr druckempfindlich und sollten daher vorsichtig verlesen werden. Sie sollten auch erst kurz vor der Vermischung mit dem Gelierzucker mit Wasser abgespült werden.

Himbeeren und Erdbeeren sind pektinarm. Hier empfiehlt es sich, der Fruchtmasse einen geriebenen Apfel oder etwas Zitronensaft zuzufügen.

Kernobst

Birnen, Äpfel und Quitten führen uns in die Konfitüren-Herbstsaison. Achten Sie hier ebenfalls auf reife und aromatische Früchte.

Quitten sind roh nicht zu genießen, eignen sich aber hervorragend für Fruchtaufstriche. Sie weisen einen sehr hohen Pektinanteil auf.

Steinobst

Pfirsiche, Kirschen, Zwetschgen, Aprikosen etc. eignen sich ebenfalls für geschmackvolle Konfitüren und Gelees. Sie enthalten relativ wenig Pektin, weshalb sie beim Einkochen immer mit etwas Zitronensäure oder Zitronensaft ergänzt werden sollten.

Saisonkalender

Der Saisonkalender zeigt die Hauptangebotsmonate für die einzelnen Obst- und Gemüsesorten. Über die gekennzeichneten Monate hinaus sind jedoch auch Qualitäten, die zur Fruchtaufstrichherstellung geeignet sind, erhältlich.

Obst / Gemüse	Jan.	Feb.	März	April	Mai	Juni	Juli	Aug.	Sept.	Okt.	Nov.	Dez.
Äpfel	X	X	X						X	X	X	X
Ananas	X	X	X	X								
Aprikosen						X	X	X				
Auberginen												
Bananen	X	X	X	X	X	X	X	X				X
Bitterorangen	X	X										
Birnen								X	X	X		
Brombeeren							X	X	X			
Erdbeeren					X	X	X					
Feigen								X	X	X		
Fenchel							X	X	X	X		
Granatäpfel	X								X	X	X	X
Grapefruits	X	X	X	X	X	X	X					
Hagebutten								X	X	X	X	
Heidelbeeren							X	X	X			
Himbeeren						X	X	X	X			
Holunderbeeren								X	X	X		
Ingwer	X	X	X	X	X	X	X	X	X	X	X	X
Johannisbeeren						X	X	X				
Kiwis	X	X	X	X						X	X	X
Kürbis								X	X	X		
Kumquats	X											X
Litschis	X	X	X	X	X	X	X	X	X	X	X	X
Mangos	X	X	X	X	X	X	X	X	X	X	X	X
Mirabellen								X	X			
Möhren	X	X	X	X	X	X	X	X	X	X	X	X
Orangen	X	X	X	X								
Passionsfrüchte	X	X	X	X	X	X	X	X	X	X		
Pfirsiche/Nektarinen							X	X				
Pflaumen							X	X				
Preiselbeeren									X	X		
Quitten										X	X	
Rhabarber				X	X	X						
Rote Beten				X	X	X	X	X	X	X	X	X
Sauerkirschen						X	X	X				
Schlehdorn										X	X	
Stachelbeeren						X	X	X				
Süßkirschen						X	X	X				
Tomaten						X	X	X	X	X		
Vogelbeeren								X	X	X	X	
Weintrauben								X	X	X		
Zitronen	X	X	X	X	X	X						
Zucchini						X	X	X	X			
Zwetschgen								X	X			

Zitrus-, Übersee- und Exotenfrüchte

Sie bringen den Geschmack der weiten Welt auf unseren Tisch: Mango, Ananas, Papaya, Zitronen, Orangen, Kiwis und Konsorten haben einen langen Weg hinter sich, bis sie von uns verwendet werden. Reife Früchte zeichnen sich hier durch ihren vollen und aromatischen Duft aus. Viele dieser Früchte sind über das ganze Jahr hinweg erhältlich, trotzdem sind sie im Spätherbst und Winter am ehesten zu empfehlen. Achten Sie beim Kauf bevorzugt auf Flugware.

Neben sortenreinen Aufstrichen eignen sich die Exoten auch hervorragend, um sie mit einheimischen Früchten zu mischen.

Säfte

Säfte werden zur Herstellung von Gelee benutzt. Es ist empfehlenswert, die Säfte selber aus frischen Früchten herzustellen. Wenn sie käuflich erworben werden, sollte es sich um ungesüßten 100%-Direktsaft aus Bio-Läden oder Reformhäusern handeln. Maracuja- und Johannisbeernektar sind leider nicht als Vollsäfte erhältlich.

Tiefkühlfrüchte

Manche bezeichnen sie als Sünde in der Konfitürenherstellung, manchmal lassen sie sich aber nicht vermeiden. Tiefkühlfrüchte bleiben die einzige Alternative, wenn kein frisches Obst verfügbar ist. Auch bei Tiefkühlobst sollten Sie auf entsprechende Qualität achten. Tauen Sie die Früchte erst kurz vor der Vermischung mit Gelierzucker auf.

Geliermittel

Geliermittel sorgen durch ihre bindenden Eigenschaften dafür, dass sich die gallertartige konsistente Masse des Aufstrichs bildet.

Fruchteigene Geliermittel

Pektin ist ein natürliches Geliermittel und in unterschiedlichen Anteilen Bestandteil aller unserer heimischen Früchte. Bei Obst mit hohem Pektinanteil ist ein Zufügen weiterer Geliermittel nicht zwingend nötig. Der fruchteigene Pektinanteil bestimmt darüber, wie lange die mit Zucker verrührte Fruchtmasse zu kochen ist, bis sie geliert.

Wer auf zugesetzte Geliermittel verzichten will und nur auf das fruchteigene Pektin setzt, sollte somit den Pektingehalt der jeweiligen Früchte beachten. Es empfiehlt sich, pektinarme Früchte und Gemüse (enthält kein oder kaum Pektin) mit pektinreichen Obstsorten zu kombinieren, um einen frühen Gelierpunkt zu erreichen.

Geringer Pektingehalt: z. B. Birnen, Holunderbeeren, Kirschen, Kiwis, Pfirsiche.

Mittlerer Pektingehalt: z. B. Heidelbeeren, Aprikosen, Himbeeren, Erdbeeren, Weintrauben.

Hoher Pektingehalt: z. B. Äpfel, Blaubeeren, Johannisbeeren, Preiselbeeren, Quitten, Stachelbeeren, Zitrusfrüchte.

Zugesetzte Geliermittel

Um die Kochzeit zu verringern und so einen möglichst geringen Verlust von Farbe, Aromen und Inhaltsstoffen zu erzielen, wird heute zumeist Geliermittel zugesetzt. Dadurch werden Kochzeiten von nur 4 Minuten erreicht.

Beachten Sie bei allen Geliermitteln, dass sie für die Herstellung von Fruchtaufstrichen geeignet sind und folgen Sie den Anwendungshinweisen auf den Packungen.

Pektin

Das gebräuchlichste Geliermittel ist isoliertes Pektin. Es wird aus den Pressrückständen von Äpfeln und Zitrusfrüchten herausgelöst, getrocknet und gemahlen. Daraus entsteht ein hellgraues oder beiges Pulver. Pektin-Pulver neigt zur Klümpchenbildung. Die Klumpen lassen sich nachträglich schlecht oder gar nicht mehr lösen. Deshalb sind viele Pektin-Pulver bereits mit einem geringen Anteil Zucker vermischt. Wenn Sie reines Pektin einsetzen, sollten Sie es vor dem Einsatz mit der fünf- bis zehnfachen Menge Zucker vermischen.

Mit Pektin aufgekochte Aufstriche gelieren nur einmal. Ein wiederholtes Aufkochen zerstört die Pektinstrukur und lässt keine nochmalige Gelierung zu.

Agar-Agar

Agar-Agar kommt aus Asien und findet in unseren Breitengraden immer mehr Anhänger. Es wird aus Rotalgen hergestellt und hat eine verdauungsfördernde und entschlackende Wirkung.

Agar-Agar eignet sich besonders zur Herstellung von zuckerarmen Aufstrichen, da sein Gelierverhalten nicht vom Zuckergehalt abhängig ist. Besonders interessant an Agar-Agar ist sein reversibles Gelierverhalten. Wenn Sie also nach dem Aufkochen und Abkühlen feststellen, dass die Masse zu fest ist, kann sie unter Zuführung von etwas Wasser wieder aufgekocht werden. Wenn die Masse nicht geliert ist, kann sie unter Zugabe von weiterem Agar-Agar-Pulver nochmal aufgekocht werden.

Gelierzucker

Beim Gelierzucker ist das Geliermittel bereits mit dem Zucker vermischt. Es gibt verschiedene Gelierzuckertypen, die das Verhältnis von Zucker zu Frucht berücksichtigen. 1:1 Gelierzucker ist für Aufstriche gedacht, bei denen das Verhältnis von Frucht zu Zucker gleich ist (z. B. 1 kg Zucker zu 1 kg Obst), 2:1 Gelierzucker bezeichnet 2 Teile Frucht und 1 Teil Zucker, 3:1 Gelierzucker steht für 3 Teile Frucht und 1 Teil Zucker.

Manche Gelierzuckersorten beinhalten neben weiteren Bestandteilen auch Pflanzenfett. Pflanzenfett soll die Schaumbildung beim Aufkochen verringern.

Gelierhilfen

Gelierhilfen bestehen zumeist aus Pektin, Säuerungsmittel und möglicherweise chemischen Konservierungsmitteln. Beachten Sie hierzu das Zutatenverzeichnis der Packung.

Bei Gelierhilfen muss der Zucker entsprechend des angestrebten Verhältnisses selber beigemischt werden. So haben Sie die Möglichkeit alternative Süßungsarten anzuwenden, z. B. Fruchtzucker, Sorbit oder Honig. Beachten Sie bei Geliermitteln bitte besonders die Anwendungshinweise. Abweichungen vom jeweiligen Grundrezept können schnell zu Schwierigkeiten führen.

Verdickungsmittel

Um bei kaltgerührten Aufstrichen eine Verdickung zu erreichen, kommen Verdickungsmittel wie Johannisbrotkernmehl und Guarkernmehl zum Einsatz. Bei beiden Zutaten kommt es nicht zu einer Gelierung, sondern lediglich zu einer musartigen Verdickung.

Süßungsmittel

Kristallzucker

Bis heute ist Kristallzucker das Standard-Süßungsmittel für Fruchtaufstriche. Neben der Süße ist Zucker auch für die Haltbarkeit und Konsistenz sowie die Farb- und Aromastabilität eines Aufstriches mitverantwortlich. Für die Herstellung von Fruchtaufstrichen findet hauptsächlich der bereits mit Geliermitteln versetzte Gelierzucker Verwendung. Weitere Varianten sind der kristallzuckerähnliche Einmachzucker und der Kandiszucker.

Honig

Ernährungsbewusste Konsumenten ersetzen Kristallzucker häufig durch Honig. Je nach Honigtyp kann die hergestellte Konfitüre eine entsprechende Geschmacksnote aufweisen. Ob dies gewünscht ist, hängt von den individuellen Vorlieben ab.
Im Zuge des Kochens verlieren die Inhaltsstoffe des Honigs (z. B. Vitamine und Enzyme) ihren Wert und zerfallen. Sollen diese erhalten bleiben, ist der Einsatz von Honig lediglich bei kaltgerührten Konfitüren zu empfehlen.

Alternative Süßungsmittel

Wer den großindustriell hergestellten Kristallzucker meiden will, kann mittlerweile auf eine große Auswahl an Alternativen zurückgreifen. Reformhäuser, Bio-Läden, Dritte-Welt-Läden und auch einige Supermärkte bieten reichhaltige Sortimente an, z. B. Bio-Zucker, Vollrohrzucker, Ahorn-, Apfel- oder Birnensirup. Diese Süßungsmittel haben allerdings keinen so neutralen Geschmack wie Kristallzucker. Um geschmackliche Überraschungen auszuschließen sind Vorproben zu empfehlen.

Zuckeraustauschstoffe

Besonders Diabetiker sind auf Zuckeraustauschstoffe angewiesen. Ihr Abbau im Körper erfolgt abhängig vom Insulin. Der am häufigsten verwendete Zuckeraustauschstoff ist der Zuckeralkohol Sorbit. In die gleiche Gruppe gehören auch Mannit, Isomalt, Lactit, Maltit und Xylit. Diese Zuckeraustauschstoffe besitzen einen Nährwert und müssen daher von Diabetikern in die Brennwertberechnung mit einbezogen werden. Sie werden ebenso wie Fructose zur Herstellung von diabetikergeeigneten Konfitüren verwendet.

Süßstoffe

Süßstoffe wie Saccharin, Cyclamat oder Acesulfam beeinflussen den Insulin- und Blutzuckerspiegel im menschlichen Organismus nicht und sind somit auch für Diabetiker geeignet. Sie besitzen zwar eine wesentlich höhere Süßkraft als normaler Zucker, sind für die Herstellung von Fruchtaufstrichen allerdings wegen ihres fehlenden Einflusses auf die Konsistenz nicht besonders geeignet.

Säuerungsmittel

Der pH-Wert einer Fruchtmasse ist abhängig von der in ihr enthaltenen Säure und wirkt sich auf das Gelierverhalten aus. Da Früchte über verschiedene Säureanteile verfügen, muss bei einigen Früchten Säure zugefügt werden, um einen zur Gelierung optimalen pH-Wert zu erreichen. Das Zufügen von Säure wird aber auch zur Geschmacksveränderung und Farbstabilisierung eingesetzt. Bei besonders süßen Früchten harmonisiert Säure einen flachen und zu einseitig süßen Geschmack.
Zitronensäure ist das gebräuchlichste Säuerungsmittel. Sie wird vorwiegend in kristalliner Form angeboten. 20 bis 40 ml Zitronensaft verfügen über etwa den gleichen Säuregehalt wie ein Gramm Zitronensäure. Weitere Säuerungsmittel sind **Milchsäure** und **Weinsäure**, sie spielen bei der Herstellung von Fruchtaufstrichen allerdings kaum eine Rolle.

Chemische Konservierungsmittel

Durch den Einsatz von Zucker benötigen Fruchtaufstriche in der Regel keine zusätzlichen chemischen Konservierungsmittel, um eine angemessene Haltbarkeit zu erlangen.
Bei zuckerarmen Konfitüren können chemische Konservierungsstoffe zugesetzt werden, um den Verderb zu verzögern. Sie hemmen wesentliche Stoffwechselvorgänge in den Zellwänden der Keime und bieten so einen direkten Schutz vor Mikroorganismen.

Geschmacksabrundung

Oftmals erhält ein Fruchtaufstrich seine Raffinesse durch weitere Zutaten wie Gewürze oder Alkohol.
Gewürze können Ingwer, Vanille, Zimt oder Koriander sein, aber auch Pfeffer kann einem Fruchtaufstrich eine besondere Note verleihen. Hier gilt: Probieren Sie es einfach aus. Wir empfehlen eine vorsichtige Dosierung, da zu gut gemeinte Mengen schnell in den Vordergrund treten. Die Zutaten sollten erst während des Kochens oder auch erst kurz vor dem Füllen zugegeben werden. Durch die späte Zugabe werden die Aromen besser erhalten.
Auch Alkohol (z. B. Rum, Likör, Wein, Obstbrände) ist ein beliebtes Mittel zur Geschmacksabrundung. Alkohol sollte erst gegen Ende des Kochprozesses hinzugefügt werden, da Alkohol auf Pektin zersetzend wirkt. Eine zu frühe Zugabe kann dazu führen, dass die Masse nicht geliert.

Die Grundausstattung

Streng genommen kommen Sie bei der Herstellung von Fruchtaufstrichen für den privaten Gebrauch mit Ihren üblichen Küchenwerkzeugen gut zurecht. Beachten Sie folgende Grundhinweise: **Ihre Utensilien sollten beim Einsatz sehr sauber sein** (das trägt zur Haltbarkeit bei, da so möglichst wenige Mikroorganismen in den Aufstrich gelangen); **Gerätschaften aus Eisen und Zinn sind ungeeignet.**

Folgende Utensilien sollten Sie zur Aufstrichherstellung parat haben: Töpfe, Trichter, Obstmesser, Koch- und Schaumlöffel, Stabmixer, Suppenkelle, genaue Lebensmittelwaage, Sieb und Haarsieb, Schüsseln, Zitruspresse, Messbecher und Messlöffel, Teefilter und Reiben. Die Werkzeuge sollten aus säurefesten Materialien bestehen.

Darüber hinaus gibt es noch eine Menge praktischer Gerätschaften, wie z. B. Obstentsteiner, Apfelentkerner oder spezielle Einkochautomaten. Ob Sie eine Anschaffung lohnenswert finden oder sich mit klassischen Küchengeräten behelfen, bleibt Ihre persönliche Entscheidung.

Töpfe

Töpfe sollten aus Kupfer oder Edelstahl sein, und eher breit als hoch. Um Überkochen zu vermeiden, sollte das Volumen des Topfes mindestens das doppelte Volumen der angestrebten Aufstrich-Menge haben. Meiden Sie Aluminium-Töpfe, da diese den Geschmack des Aufstrichs beeinflussen können.

Trichter

Trichter sind unerlässlich, um den Fruchtaufstrich in die Gläser einzufüllen. Wichtig sind dabei Trichter mit einer weiten Öffnung. Praktisch: Im Handel sind neuerdings temperaturresistente Trichter aus 100 % Platin-Silikon erhältlich; bei denen die Weite der Öffnung variabel eingestellt werden kann.

Gläser und Verschlüsse

Verwenden Sie Gläser zwischen 100 und 250 ml Inhalt. So können Sie Ihren Aufstrich in kleine Portionen unterteilen. Um die Gläser gut befüllen zu können, sollten Sie eine breite Öffnung haben. Bei Verschlüssen empfehlen wir Drehverschlüsse. Sie sind am leichtesten zu reinigen und am praktischsten einzusetzen. Zu Dekorationszwecken können Sie mit einem Gummi- oder Schleifenband ein Stück Stoff über dem aufgedrehten Verschluss festmachen.

Jetzt gehts los!

Die Zutaten und Utensilien liegen bereit, die Vorfreude kitzelt im Körper. Wir haben aber noch einen kleinen Weg vor uns und noch ein paar Dinge, die wir beachten müssen, bis die Vorfreude von der Freude über einen gelungenen Fruchtaufstrich abgelöst wird.

Vorbereitung der Gläser

Die Gläser sind immer gut zu reinigen. Spülen Sie diese, bevor Sie mit dem Einkochen anfangen, mit heißem Wasser ab. Beim Einsatz von Spülmittel vergewissern Sie sich, dass sämtliche Spülmittelreste entfernt sind. Ein Abtrocknen der Gläser ist nicht nötig, sie sollten allerdings vollständig entleert sein. Um die Gläser zu sterilisieren, legen Sie diese gestürzt auf einem sauberen Geschirrtuch auf ein Backblech aus und lassen Sie sie mindestens zehn Minuten bei 100°C im Backofen. Das Sterilisieren empfiehlt sich bei kaltgerührten Aufstrichen, bei der Heißabfüllung ist es nicht unbedingt notwendig.

Verschlüsse sollten genau wie die Gläser völlig sauber und gründlich gereinigt sein.

Vorbereitung der Früchte

Früchte sollten sorgfältig verlesen werden. Faule und beschädigte Früchte sollten keine Verwendung finden. Bei großen Früchten können Sie beschädigte Stellen wegschneiden, kleine Früchte werfen Sie einfach weg.

Säubern Sie Beeren besonders vorsichtig, da sie sehr druckempfindlich sind. Brausen Sie sie einfach mit Wasser ab oder tauchen Sie sie mit einem Sieb in Wasser ein. Entfernen Sie vor der Verarbeitung Stiele und Blätter.

Bei Steinobst entfernen Sie Stiele und Kerne, schälen die Früchte, wenn nötig, und zerkleinern sie nach den Angaben des Rezeptes.

Bei Kernobst vierteln Sie die Frucht, entfernen das Kerngehäuse und zerkleinern sie anschließend.

Je nach Rezept schneiden Sie die Früchte in möglichst gleich große Stücke oder pürieren diese mit einem Mixstab.

Bei der Herstellung von Aufstrichen mit ganzen Früchten oder großen Fruchtstücken vermischen Sie die abgewogenen Früchte mit dem Zucker und lassen diese einige Stunden ziehen, um eine gleichmäßige Verteilung des Zuckers zu fördern.

Das Einkochen

Wiegen Sie Ihre Zutaten genau mit einer Küchenwaage ab. Vermischen Sie die Früchte nach Rezept mit Zucker und Geliermittel oder Gelierzucker.

Benutzen Sie zum Einkochen große Töpfe, die Sie höchstens bis zur Hälfte füllen. Sonst besteht die Gefahr des Überschäumens. Je höher die Masse in den Topf gefüllt wird, umso mehr besteht die Gefahr des Spritzens. Auf der Haut gelandet, sind Spritzer der kochenden Masse sehr schmerzhaft.

Während des Erhitzens und Kochens rühren Sie die Masse ständig um, damit ein Anbrennen verhindert wird.

Die im Rezept angegebene Kochzeit beginnt, wenn die Masse zu sprudeln anfängt.

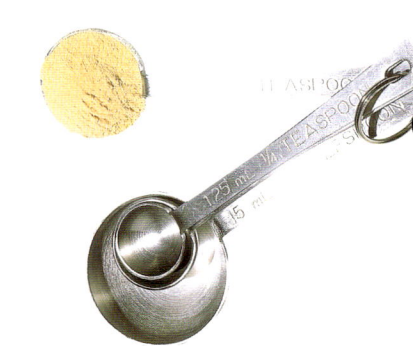

Veredelung

Bereits zu Beginn des Einkochens können Gewürze zugesetzt werden. Ganze Gewürzstücke, wie Vanilleschoten oder Zimtstangen, werden hinzugegeben und am Ende der Kochzeit wieder entfernt.

Flüssige Aromen sind zum Ende des Kochvorgangs zuzufügen, sonst drohen sie, sich zu verflüchtigen.

Alkohol aus Rum oder Schnaps verdampft sofort beim Zufügen zur kochenden Masse. Die so hergestellten Aufstriche sind somit zwar kindertauglich, ihr Geschmack vermutlich aber weniger.

Achten Sie auf eine vorsichtige Dosierung. Veredelungen sollten nicht geschmacksbestimmend werden, sondern den Hauptfruchtgeschmack unterstützen und raffiniert ergänzen, jedoch nicht überdecken.

Gelierprobe

Zum Ende der Kochzeit ist eine Gelierprobe durchzuführen. Durch die Gelierprobe erkennen Sie, ob die Masse nach dem Erkalten richtig geliert.

Nehmen Sie dafür einen kalten Teller (evtl. vorher im Kühlschrank kühlen) und tropfen Sie ein wenig der kochenden Masse darauf. Sollten die Tropfen fest werden, ist die Masse in einem gelierfähigen Zustand. Sollte das nicht der Fall sein, müssen Sie die Kochzeit um ein bis zwei Minuten verlängern oder etwas Zitronensäure zufügen.

Vorsicht: Zu langes Kochen kann auch den Gelierprozess unterbinden.

Einfüllen

Vor dem Einfüllen entfernen Sie möglicherweise entstandenen Schaum. Rühren Sie diesen nicht unter.

Die vorbereiteten Gläser sollten warm sein, zumindest Raumtemperatur haben, und auf einem feuchten Tuch stehen, sonst besteht die Gefahr des Springens.

Füllen Sie die Gläser mithilfe eines Trichters möglichst voll. Sollte Masse auf die Glasränder kommen, diese sofort mit einem sauberen Tuch wegwischen, da die Verschlüsse ansonsten nicht dicht schließen.

Nach dem Befüllen verschliessen Sie die Gläser sofort und stellen sie für ca. 10 Minuten auf den Kopf. Wenn die Gläser zu lange auf dem Kopf stehen, besteht die Gefahr, dass die Masse am Deckel geliert und nicht mehr absinkt und am Boden des Glases eine Luftblase bleibt.

Mikrowelle

Fruchtaufstriche können auch in der Mikrowelle hergestellt werden.

In der Vorbereitung gehen Sie dabei ähnlich vor wie beim konventionellen Einkochen. Als Geliermittel verwenden Sie Spezialgelierzucker, den Sie gut mit der Fruchtmasse durchmischen und in einer hohen abgedeckten Glasschüssel in die Mikrowelle stellen. Erhitzen Sie die Masse 5 Minuten bei 180 Watt. Sie nehmen die Masse aus der Mikrowelle, rühren sie gut durch, stellen sie abermals abgedeckt in die Mikrowelle und lassen sie bei 600 Watt 6 Minuten garen. Bei tiefgekühlten Früchten oder Beeren garen Sie 7 Minuten.

Nach gelungener Gelierprobe füllen Sie die Masse heiß ab.

Stellen Sie in der Mikrowelle nur kleine Mengen her, da größere Mengen nicht gleichmäßig erhitzt werden. Dies bewirkt eine geringere Haltbarkeit.

Kaltgerührte Fruchtaufstriche

Fruchtaufstriche müssen nicht zwangsläufig gekocht werden. Für sogenannte kaltgerührte Aufstriche sind besonders Beeren gut geeignet, hervorragend sind z. B. Walderdbeeren.

Da kaltgerührte Aufstriche eine sehr geringe Haltbarkeit aufweisen, empfiehlt es sich, sie bei Bedarf herzustellen und binnen weniger Tage zu verzehren.

Der Zusatz von Geliermitteln führt bei kaltgerührten Aufstrichen nicht zu einer Gelierung, sondern lediglich zu einer Verdickung.

Auch hier sind saubere und unbeschädigte Früchte wichtig. Zerkleinern Sie diese, vermischen Sie sie mit Süßungsmitteln und rühren Sie die Masse ca. eine halbe Stunde mit einem Mixer oder der Küchenmaschine.

Füllen Sie die Masse in die vorbereiteten Gläser.

Saftherstellung für Gelees

Gelees werden aus Fruchtsaft hergestellt. Besonders gut eignen sich heißentsaftete Säfte, da durch die Hitze das Pektin aus den Früchten in hohen Mengen in den Saft übergeht. Dies ist bei kaltgepressten Säften nicht der Fall. Somit müssen Sie bei kaltgepressten Säften die Menge des Geliermittels höher dosieren.

Zum Heißentsaften säubern Sie die Früchte und entfernen Blätter und Stiele. Geben Sie die Früchte in Stücke geschnitten in einen Topf und fügen Sie etwas Wasser zu. Lassen Sie die Früchte kochen, bis sie weich sind und eine deutliche Saftabgabe erkennbar ist. Legen Sie ein grobes Küchentuch in ein Sieb und stellen Sie dieses auf eine Schüssel. Füllen Sie Saft und Früchte in das Sieb und lassen Sie den Saft einige Stunden abtropfen. Anschließend das Tuch leicht ausdrücken. Wenn Sie zu fest zudrücken, können Trübstoffe in den Saft gelangen.

Die Kochzeit ist je nach Frucht unterschiedlich lang. Bei weichen Früchten wie Beeren oder Kirschen liegt sie bei ca. 25–30 Minuten, bei mittelharten bei ca. 35–40 Minuten und bei harten, wie z. B. Quitten, bei ca. einer Stunde. Zum einfacheren Entsaften können Sie auch einen Dampfentsafter benutzen. Ob sich die Anschaffung lohnt, ist von der Häufigkeit der Verwendung abhängig.

Was tun?

Manchmal wollen die Dinge nicht wie beabsichtigt gelingen. Solange Sie sich genau an Rezepte und Verarbeitungshinweise halten, dürfte dies nicht passieren, aber der Teufel steckt manchmal im Detail.

Die Masse wird nicht fest

Wenn die Gelierprobe nicht gelingt, liegt dies häufig an einer zu kurzen Kochzeit. Wenn die Kochzeit die angegebene Zeit übersteigt, sollten Sie die Masse unter Zufügung von etwas Pektin oder Zitronensaft einfach weiterkochen.

Die Masse ist zu fest

In diesem Fall verrühren Sie den Aufstrich kurz vor dem Verzehr mit etwas Wasser oder Fruchtsaft. Oder Sie benutzen ihn als Zutat für Gerichte oder z. B. Quarkspeisen.

Die Masse ist angebrannt

Während des Erhitzens und Kochens sollte die Masse ständig gerührt werden. Sollte sie trotzdem anbrennen, sofort in einen anderen Topf füllen. Sollte der Aufstrich bereits angebrannt schmecken, wird die Entsorgung empfohlen.

Schaumbildung

Beim Einkochen kann Schaum auf der Masse entstehen. Diesen schöpfen Sie bitte ab. Der Schaum entsteht zumeist bei stark eiweißhaltigen Früchten. Rühren Sie den Schaum nicht unter die Masse, dadurch können Bakterien entstehen, die zum schnellen Verderb des Aufstrichs führen.

Bluten

Die Bildung wässriger Flüssigkeit in einem Marmeladenglas nennt sich „Bluten". Der Effekt ist ein Hinweis auf eine fehlerhafte Konsistenz des Gels und wird durch einen zu niedrigen pH-Wert, zu wenig Geliermittel, eine zu kurze Kochzeit oder eine zu niedrige Temperatur der Masse beim Abfüllen hervorgerufen.
Die Flüssigkeit können Sie abgießen oder wieder unter den Aufstrich rühren.

Schimmelbildung

Schimmel in noch nicht geöffneten Gläsern ist auf einen undichten Verschluss zurückzuführen. Wir empfehlen, solche Gläser gleich wegzuwerfen. Das großzügige Abschöpfen des Schimmels hilft nicht weiter, da sich Schimmelsprossen, auch wenn sie nicht sichtbar sind, im ganzen Glas verteilen.
Bei bereits geöffneten Gläsern kann sich auch bei kalter Lagerung Schimmel bilden. Dies ist ein Hinweis darauf, dass die Haltbarkeit des Produktes überschritten oder das Glas zu lange geöffnet ist.

Die Deckel gehen wieder auf

Dies ist ein Hinweis auf einen defekten Deckel. Benutzen Sie einen neuen Deckel. Sicherheitshalber sollten Sie das betroffene Glas in den nächsten Tagen verzehren.

Gräuliches Obst

Wenn die Masse zu lange gekocht oder der Schaum nicht abgeschöpft wurde, kann ein gräulicher Farbstich entstehen. Dieser ist nicht mehr änderbar, stellt allerdings auch das geringste Problem dar: Der Fruchtaufstrich wird voraussichtlich ebenfalls nicht schmecken.

Trübes Gelee

Eine Trübung des Gelees entsteht durch ein zu starkes Ausdrücken der Früchte bei der Saftherstellung. Die Trübung wirkt sich allerdings nicht auf die Qualität aus.

Früchteverteilung

Bei Aufstrichen mit großen Fruchtstücken kann es passieren, dass diese nicht regelmäßig im Glas verteilt sind. Um eine gleichmäßige Verteilung zu erzielen, müssen die Gläser rechtzeitig umgedreht werden, so dass die Masse während des Absinkens erstarrt. Leichter gesagt als getan.

Zum Aufstellen des Buches klappen Sie den vorderen Deckel um 180 Grad um. Anschließend befestigen Sie die Öse am Ende der Verschlusskordel an der hinteren Verschlussvorrichtung. Stellen Sie dann das Buch entsprechend der Zeichnung auf.

Rezepte für Marmeladen, Konfitüren, Gelees & Fruchtaufstriche

Der Einfachheit halber benennen wir die nachfolgenden Rezepte einfach nach ihren Zutaten, unabhängig davon, ob es sich um Marmelade, Konfitüre, Gelee oder Fruchtaufstrich handelt.

Stellen Sie den Fuß des Buches beim Einsatz in der Küche auf, um eine optimale Aufsicht auf das jeweilige Rezept zu haben.

Viel Spaß und Erfolg bei der Umsetzung.

Kirsche, Hagebutte

Kirsche, Hagebutte

Zutaten für ca. 6 Gläser à 250 ml, für größere Mengen Zutaten im Verhältnis erhöhen

750 g

Hagebutten

250 ml

Wasser

800 g

Sauerkirschen
(entsteint)

500 g

2:1 Gelierzucker

1.

Hagebutten gründlich waschen und abtropfen.

Mit Wasser in einen Topf geben und ca. 15 Minuten weich kochen.

Anschließend durch ein sehr feines Sieb streichen.

250 g Hagebuttenmark abmessen.

2.

Sauerkirschen waschen, abtropfen und entsteinen.

Früchte pürieren.

3.

Hagebuttenmark, pürierte Kirschen und Gelierzucker in einen Topf geben.

Unter Rühren zum Kochen bringen.

4 Minuten kochen lassen.
Eine Gelierprobe machen!

4.

Den Schaum mit einer Schaumkelle entfernen.

Die Masse in die vorbereiteten Gläser randvoll einfüllen.

Mit Deckeln verschließen.

Gläser umdrehen und auf dem Deckel stehen lassen, bis die Masse fast erkaltet ist.

Anschließend die Gläser wieder umdrehen.

Erdbeere, Prosecco

Erdbeere, Prosecco

Zutaten für ca. 6 Gläser à 250 ml. für größere Mengen Zutaten im Verhältnis erhöhen

500 g

Erdbeeren

500 ml

Prosecco

500 g

2:1 Gelierzucker

1.

Erdbeeren waschen und abtropfen lassen. Stiele entfernen und Früchte pürieren.

2.

Die Erdbeeren mit dem Gelierzucker in einen Topf geben und auf 60°C erhitzen.

Prosecco zufügen (Achtung: die Frucht-Zucker-Masse schäumt kurz auf!)

Dann unter Rühren aufkochen und 4 Minuten unter ständigem Rühren kochen.

Eine Gelierprobe machen.

3.

Den Schaum mit einer Schaumkelle entfernen.

Die Masse in die vorbereiteten Gläser randvoll einfüllen.

Mit Deckeln verschließen.

Gläser umdrehen und auf dem Deckel stehen lassen, bis die Masse fast erkaltet ist.

Anschließend die Gläser wieder umdrehen.

Jasmin, Grüntee, Rosen, Weißwein

Zutaten für ca. 6 Gläser à 250 ml, für größere Mengen Zutaten im Verhältnis erhöhen

500 g	500 g	500 ml	500 ml	10 g	500 g	jew. 8	12 g
Duftrosenblätter (unbehandelt)	**Zucker**	**Weißwein** (Riesling)	**Wasser**	**Jasmin-Grüntee**	**2:1 Gelierzucker**	**Rosenblütenblätter und Jasminblüten** (unbehandelt, frisch o. getrocknet)	**Apfel-Pektin** (Bio-Qualität)

1. Für den Rosensirup die Duftrosenblütenblätter mit Zucker schichtweise in ein fest verschließbares Einmachglas geben.

Mit dem Deckel verschließen und ca. 3 Wochen am Fenster stehen lassen, bis sich der Zucker gelöst hat.

Anschließend den Rosensirup durch ein Passiertuch geben und gut abtropfen lassen.

Für das Gelee 100 ml Sirup abmessen und mit Weißwein auffüllen.

2. Wasser zum Kochen bringen. Jasmin-Grüntee damit überbrühen und 5 Minuten ziehen lassen.

Tee durch ein Sieb gießen, nochmals abmessen und evtl. mit heißem Wasser auf 500 ml auffüllen.

3. Jeweils einige Rosen- und Jasminblüten in die vorbereiteten Gläser geben.

Weißwein-Rosensud und Tee in einen Topf geben (Der Sud sollte eine Temperatur von ca. 50 °C haben).

Gelierzucker und Apfel-Pektin gründlich mischen. Unter ständigem Rühren zu dem Weißwein-Rosen-Teesud geben und aufkochen. Dann 4 Minuten unter Rühren kochen lassen.

Eine Gelierprobe machen!

4. Den Schaum mit einer Schaumkelle entfernen.

Die Masse in die vorbereiteten Gläser randvoll einfüllen.

Mit Deckeln verschließen.

Gläser umdrehen und auf dem Deckel stehen lassen, bis die Masse fast erkaltet ist.

Anschließend die Gläser wieder umdrehen.

Brombeere, Zitronengras, Mandelöl

Brombeere, Zitronengras, Mandelöl

Zutaten für ca. 6 Gläser à 250 ml, für größere Mengen Zutaten im Verhältnis erhöhen

1 kg
Brombeeren

3 Stiele
Zitronengras
(Asia-Shop)

500 g
2:1 Gelierzucker

3 Tropfen
Bittermandel-Öl

1.

Brombeeren waschen und abtropfen lassen.

Mit einem Pürierstab grob pürieren.

Zitronengras mit einem Messerrücken breit klopfen, damit sich das Aroma besser entfalten kann.

Zitronengrasstiele mit einem Küchenband umwickeln.

2.

Brombeeren, Zitronengras und Gelierzucker in einen Topf geben.

Unter Rühren aufkochen und dann ca. 4 Minuten kochen lassen.

3.

Zitronengrasstiele entfernen und Bittermandelöl zufügen, verrühren und nochmals kurz aufkochen.

Eine Gelierprobe machen.

4.

Den Schaum mit einer Schaumkelle entfernen.

Die Masse in die vorbereiteten Gläser randvoll einfüllen.

Mit Deckeln verschließen.

Gläser umdrehen und auf dem Deckel stehen lassen, bis die Masse fast erkaltet ist.

Anschließend die Gläser wieder umdrehen.

Erdbeere, Rose

Erdbeere, Rose

Zutaten für ca. 6 Gläser à 250 ml, für größere Mengen Zutaten im Verhältnis erhöhen

750 g

Erdbeeren

250 ml

Rosen-Sirup
(Herstellung s. Rezept
„Jasmin, Grüntee, Rosen, Weißwein")

500 g

2:1 Gelierzucker

1.
Die Erdbeeren waschen und abtropfen lassen.
Stiele entfernen und Früchte pürieren.

2.
Die Erdbeeren mit dem Rosensirup und Gelierzucker in einen Topf geben.

Unter Rühren aufkochen und 4 Minuten unter ständigem Rühren kochen.

Eine Gelierprobe machen.

3.
Den Schaum mit einer Schaumkelle entfernen.

Die Masse in die vorbereiteten Gläser randvoll einfüllen.

Mit Deckeln verschließen.

Gläser umdrehen und auf dem Deckel stehen lassen, bis die Masse fast erkaltet ist.

Anschließend die Gläser wieder umdrehen.

Aprikose, Lavendel, Mandel

Aprikose, Lavendel, Mandel

Zutaten für ca. 6 Gläser à 250 ml, für größere Mengen Zutaten im Verhältnis erhöhen

50 g

Mandeln
(gehobelt)

1,1 kg

Aprikosen

500 g

2:1 Gelierzucker

2 TL

Lavendelblüten
(frisch)

1. Mandelblättchen auf ein mit Backpapier ausgelegtes Backblech geben und verteilen.

Im vorgeheizten Backofen bei 200°C auf der 2. Schiene von unten ca. 2–3 Minuten goldgelb rösten.

Backpapier vom Backblech ziehen und Mandeln abkühlen lassen.

2. Aprikosen waschen, abtropfen lassen und entsteinen.

1 kg Fruchtfleisch abwiegen und in kleine Stücke schneiden.

3. Aprikosen und Gelierzucker in einen Topf geben und unter Rühren zum Kochen bringen.

4 Minuten unter ständigem Rühren kochen lassen.

Mandelblättchen und Lavendelblüten zufügen.

Eine Gelierprobe machen.

4. Den Schaum mit einer Schaumkelle entfernen.

Die Masse in die vorbereiteten Gläser randvoll einfüllen.

Mit Deckeln verschließen.

Gläser umdrehen und auf dem Deckel stehen lassen, bis die Masse fast erkaltet ist.

Anschließend die Gläser wieder umdrehen.

Apfel, Basilikum

Apfel, Basilikum

Zutaten für ca. 6 Gläser à 250 ml. für größere Mengen Zutaten im Verhältnis erhöhen

4 kg

Äpfel

(säuerlich; ersatzweise
1 l naturreinen Bio-Apfelsaft)

11 Stiele

Basilikum

500 g

2:1 Gelierzucker

12 g

Apfel-Pektin
(Bio-Qualität)

1.

Äpfel gründlich waschen.

Stielansatz und Blütenansatz entfernen. Äpfel vierteln und entkernen. Äpfel in den Entsafter geben und entsaften (wenn kein Entsafter vorhanden ist, s. Seite 20).

1 Liter Apfelsaft abmessen.

Basilikum waschen und abtropfen lassen. 10 Stiele mit einem Küchenband zusammenbinden.

In jedes Glas 1 frisches Blatt Basilikum geben.

2.

Abgemessenen Apfelsaft in einen Topf geben und auf ca. 50°C erhitzen.

Zucker und Apfel-Pektin mischen. Unter Rühren zum Apfelsaft geben.

Basilikum zufügen und aufkochen.

4 Minuten unter ständigem Rühren kochen lassen. Eine Gelierprobe machen!

3.

Den Schaum und das Basilikumbündel mit einer Schaumkelle entfernen.

Die Masse in die vorbereiteten Gläser randvoll einfüllen.

Mit Deckeln verschließen.

Gläser umdrehen und auf dem Deckel stehen lassen, bis die Masse fast erkaltet ist.

Anschließend die Gläser wieder umdrehen.

Aprikose, Gurke, Minze

Aprikose, Gurke, Minze

Zutaten für ca. 6 Gläser à 250 ml, für größere Mengen Zutaten im Verhältnis erhöhen

600 g

Aprikosen

650 g

Salatgurke

5 Stiele

Minze

500 g

2:1 Gelierzucker

1.

Aprikosen gründlich waschen, abtropfen lassen und entsteinen. Früchte in Würfel schneiden.

Gurke schälen, halbieren und mit einem Löffel die Kerne entfernen. 500 g Gurken abwiegen und mit einem Gemüsehobel in dünne Scheiben hobeln.

Minze waschen und abtropfen lassen. 4 Stiele Minze mit einem Küchenband umwickeln.

In jedes vorbereitete Glas ein Blatt Minze hinein-geben.

2.

Aprikosen, gehobelte Gurke und Gelierzucker in einen Topf geben.

Minzenbund zufügen.

Unter Rühren aufkochen. 4 Minuten unter ständi-gem Rühren kochen lassen.

Eine Gelierprobe machen.

3.

Den Schaum und die Minze mit einer Schaumkelle entfernen.

Die Masse in die vorbereiteten Gläser randvoll einfüllen.

Mit Deckeln verschließen.

Gläser umdrehen und auf dem Deckel stehen lassen, bis die Masse fast erkaltet ist.

Anschließend die Gläser wieder umdrehen.

Quitte, Orange, Koriander

Quitte, Orange, Koriander

Zutaten für ca. 6 Gläser à 250 ml, für größere Mengen Zutaten im Verhältnis erhöhen

4–5 kg

Quitten

4

Orangen
(eine unbehandelte
und drei für Saft)

500 g

2:1 Gelierzucker

10 Körner

Koriander

12 g

Apfel-Pektin
(Bio-Qualität)

1.

Quitten gründlich waschen und mit einer Gemüsebürste die pelzige Haut entfernen.

Blütenansatz herausschneiden.

Quitten halbieren und das Gehäuse entfernen. Früchte in kleine Stücke schneiden.

In den vorbereiteten Entsafter geben und die Früchte entsaften. 750 ml abmessen.

Wenn kein Entsafter vorhanden ist, s. Seite 20.

2.

Unbehandelte Orange waschen und trocken reiben. Schale fein abreiben.

Sämtliche Orangen halbieren und auspressen. 250 ml Saft abmessen.

Koriander in einer Pfanne kurz anrösten. In einem Mörser fein zerstoßen.

3.

Quittensaft, Orangensaft und abgeriebene Orangenschale in einen Topf geben und auf 50°C erhitzen.

Gelierzucker mit Koriander und Apfel-Pektin mischen.

Zuckermischung unter den Fruchtsaft rühren und aufkochen.

Anschließend unter Rühren 4 Minuten kochen.

Eine Gelierprobe machen.

4.

Den Schaum mit einer Schaumkelle entfernen.

Die Masse in die vorbereiteten Gläser randvoll einfüllen.

Mit Deckeln verschließen.

Gläser umdrehen und auf dem Deckel stehen lassen, bis die Masse fast erkaltet ist.

Anschließend die Gläser wieder umdrehen.

Oma Margas Latwerge (Pflaumenmus)

Oma Margas Latwerge (Pflaumenmus)

Zutaten für ca. 6 Gläser à 250 ml, für größere Mengen Zutaten im Verhältnis erhöhen

2 kg

Zwetschgen

100 ml

Apfelessig

15 g

Zimt
(gemahlen)

10 g

Anis
(gemahlen)

500 g

2:1 Gelierzucker

1.

Die Zwetschgen gründlich waschen und den Stein entfernen.

Früchte in eine große Auflaufform füllen. Mit Essig übergießen.

Die Früchte im vorgeheizten Backofen bei 80°C auf der mittleren Schiene von unten ca. 12 Stunden garen (abhängig vom Feuchtigkeitsgrad der Frucht, bei trockenen Früchten können bereits 8 Stunden ausreichen), bis die Masse auf die Hälfte reduziert ist. Dabei ab und zu umrühren.

Die Früchte auf die Hälfte einkochen, bis ein dunkles Mus entsteht.

2.

Gewürze zu dem Gelierzucker geben und mischen.

Zwetschgenmus in einen Topf geben.

Gelierzucker unter Rühren zum Mus geben.

Unter Rühren aufkochen und 4 Minuten unter ständigem Rühren kochen lassen.

3.

Den Schaum mit einer Schaumkelle entfernen.

Die Masse in die vorbereiteten Gläser randvoll einfüllen.

Mit Deckeln verschließen.

Gläser umdrehen und auf dem Deckel stehen lassen, bis die Masse fast erkaltet ist. Anschließend die Gläser wieder umdrehen.

Rhabarber, Maracuja

Rhabarber, Maracuja

Zutaten für ca. 6 Gläser à 250 ml. für größere Mengen Zutaten im Verhältnis erhöhen

1 kg

Rhabarber
(frisch)

16

Maracujafrüchte
(reif, ersatzweise 200 ml
Bio-Maracujasaft)

500 g

2:1 Gelierzucker

1.

Den Rhabarber gründlich waschen, putzen, schälen und in 1 cm kleine Stücke schneiden. 800 g Fruchtfleisch abwiegen.

Die Maracujas halbieren, das Fruchtfleisch mit einem Löffel herauslösen und 200 g abwiegen. Fruchtfleisch durch ein Sieb passieren.

2.

Rhabarber, Maracuja (oder Saft) und Gelierzucker in einen Topf geben und verrühren.

Unter Rühren aufkochen und dann 4 Minuten unter ständigem Rühren kochen lassen.

Eine Gelierprobe machen.

3.

Den Schaum mit einer Schaumkelle entfernen.

Die Masse in die vorbereiteten Gläser randvoll einfüllen.

Mit Deckeln verschließen.

Gläser umdrehen und auf dem Deckel stehen lassen, bis die Masse fast erkaltet ist.

Anschließend die Gläser wieder umdrehen.

Rhabarber, Apfel, Duftgeranie

Rhabarber, Apfel, Duftgeranie

Zutaten für ca. 6 Gläser à 250 ml. für größere Mengen Zutaten im Verhältnis erhöhen

650 g

Rhabarber
(frisch)

600 g

Äpfel
(z. B. Boskop)

500 g

2:1 Gelierzucker

20 Blätter

Duftgeranie

1.

Rhabarber gründlich waschen, putzen, schälen und in 1 cm kleine Würfel schneiden. 500 g Fruchtfleisch abwiegen.

Äpfel schälen, halbieren, Kerngehäuse entfernen und in feine Spalten schneiden. 500 g Fruchtfleisch abwiegen.

Die Duftgeranienblätter waschen und gut abtropfen lassen. Blätter in einen Papierteefilter geben und verschließen.

2.

Rhabarber, Apfelspalten, Duftgeranienteefilter und Gelierzucker in einen Topf geben.

Zutaten unter Rühren aufkochen. 4 Minuten unter ständigem Rühren kochen lassen.

Eine Gelierprobe machen.

3.

Mit einer Schaumkelle den Schaum und den Teefilter entfernen.

Die Masse in die vorbereiteten Gläser randvoll einfüllen.

Mit Deckeln verschließen.

Gläser umdrehen und auf dem Deckel stehen lassen, bis die Masse fast erkaltet ist. Anschließend die Gläser wieder umdrehen.

Rhabarber, Vanille, Ingwer

Rhabarber, Vanille, Ingwer

Zutaten für ca. 6 Gläser à 250 ml, für größere Mengen Zutaten im Verhältnis erhöhen

1,2 kg

Rhabarber
(frisch)

25 g

Ingwer
(frisch)

1 Schote

Vanille

500 g

2:1 Gelierzucker

1.

Den Rhabarber gründlich waschen, putzen, schälen und in 1 cm kleine Stücke schneiden. 1 kg abwiegen.

Den Ingwer schälen und fein reiben.

Vanilleschote der Länge nach mit einem kleinen Küchenmesser aufschlitzen und das Mark herausschaben.

2.

Rhabarber, Ingwer, Vanillemark und Vanilleschote in einen Topf geben und unter Rühren aufkochen.

4 Minuten unter ständigem Rühren kochen.

Eine Gelierprobe machen.

3.

Den Schaum und die Vanilleschote mit einer Schaumkelle entfernen.

Die Masse in die vorbereiteten Gläser randvoll einfüllen.

Mit Deckeln verschließen.

Gläser umdrehen und auf dem Deckel stehen lassen, bis die Masse fast erkaltet ist.

Anschließend die Gläser wieder umdrehen.

Rhabarber, Kiwi

Rhabarber, Kiwi

Zutaten für ca. 6 Gläser à 250 ml. für größere Mengen Zutaten im Verhältnis erhöhen

600 g

Kiwi

650 g

Rhabarber
(frisch)

500 g

2:1 Gelierzucker

1.

Die Kiwis mit einem Sparschäler schälen. 500 g Fruchtfleisch abwiegen.

Rhabarber gründlich waschen, putzen und schälen. 500 g Fruchtfleisch abwiegen.

Rhabarber und Kiwi in ca. 1 cm kleine Stücke schneiden.

2.

Kiwi, Rhabarber und Gelierzucker in einen Topf geben und unter Rühren aufkochen.

4 Minuten unter ständigem Rühren kochen lassen.

Eine Gelierprobe machen.

3.

Den Schaum mit einer Schaumkelle entfernen.

Die Masse in die vorbereiteten Gläser randvoll einfüllen.

Mit Deckeln verschließen.

Gläser umdrehen und auf dem Deckel stehen lassen, bis die Masse fast erkaltet ist.

Anschließend die Gläser wieder umdrehen.

Erdbeere, Tahiti-Vanille

Erdbeere, Tahiti-Vanille

Zutaten für ca. 6 Gläser à 250 ml, für größere Mengen Zutaten im Verhältnis erhöhen

1 kg

Erdbeeren

1 Schote

Tahiti-Vanille

(gibt es im gut sortierten Gewürzladen; alternativ 1 Schote Vanille)

500 g

2:1 Gelierzucker

1.

Erdbeeren waschen und abtropfen lassen.

Stiele entfernen.

Früchte pürieren.

Die Vanilleschote mit einem kleinen Messer der Länge nach aufschlitzen und das Mark herausschaben.

2.

Erdbeerpüree, Vanilleschote, Vanillemark und Gelierzucker in einen Topf geben.

Unter Rühren zum Kochen bringen. Anschließend 4 Minuten unter ständigem Rühren kochen lassen.

Eine Gelierprobe machen.

3.

Den Schaum und die Vanilleschote mit einer Schaumkelle entfernen.

Die Masse in die vorbereiteten Gläser randvoll einfüllen.

Mit Deckeln verschließen.

Gläser umdrehen und auf dem Deckel stehen lassen, bis die Masse fast erkaltet ist.

Anschließend die Gläser wieder umdrehen.

Ananas, Mango, Maracuja, Banane, Chili

Ananas, Mango, Maracuja, Banane, Chili

Zutaten für ca. 6 Gläser à 250 ml. für größere Mengen Zutaten im Verhältnis erhöhen

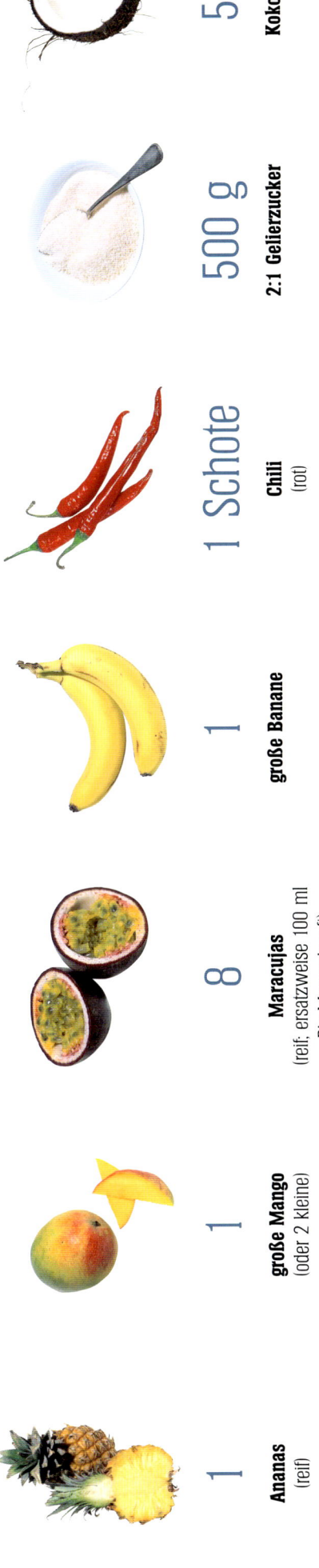

Ananas (reif)	**große Mango** (oder 2 kleine)	**Maracujas** (reif, ersatzweise 100 ml Bio-Maracujasaft)	**große Banane**	**Chili** (rot)	**2:1 Gelierzucker**	**Kokosraspeln**
1	1	8	1	1 Schote	500 g	50 g

1. Ananas schälen und das harte Mittelstück entfernen. 500 g Fruchtfleisch abwiegen und in 1 cm kleine Würfel schneiden.

Mango schälen, Kern entfernen. 250 g Fruchtfleisch abwiegen in kleine Würfel schneiden.

Die Maracujafrüchte halbieren und das Fruchtfleisch herauslöffeln. 100 g Fruchtfleisch abwiegen.

Banane schälen und in Scheiben schneiden.

Chilischote waschen, Kerne entfernen und in hauchdünne Scheiben schneiden.

2. Ananas, Mango, Maracuja, Banane, Chili und Gelierzucker in einen Topf geben und unter Rühren aufkochen.

Kokosraspeln zufügen.

4 Minuten unter ständigem Rühren kochen lassen.

Eine Gelierprobe machen.

3. Den Schaum mit einer Schaumkelle entfernen.

Die Masse in die vorbereiteten Gläser randvoll einfüllen.

Mit Deckeln verschließen.

Gläser umdrehen und auf dem Deckel stehen lassen, bis die Masse fast erkaltet ist.

Anschließend die Gläser wieder umdrehen.

Apfel, Rose, Kirsche

Apfel, Rose, Kirsche

Zutaten für ca. 6 Gläser à 250 ml, für größere Mengen Zutaten im Verhältnis erhöhen

4 kg

Äpfel

(säuerlich; ersatzweise
600 ml naturreinen Bio-Apfelsaft)

500 g

Sauerkirschen

250 ml

Rosen-Sirup

(Herstellung s. Rezept
„Jasmin, Grüntee, Rosen, Weißwein")

500 g

2:1 Gelierzucker

12 g

Apfel-Pektin
(Bio-Qualität)

---

1. Äpfel gründlich waschen. Stiel und Blütenansatz entfernen. Äpfel vierteln, Kerngehäuse entfernen.

Äpfel in einen vorbereiteten Entsafter geben. Die Früchte entsaften. 600 ml Saft abmessen.

Kirschen waschen, in einen vorbereiteten Entsafter geben und entsaften. 200 ml Kirschsaft abmessen.

Wenn kein Entsafter vorhanden ist, s. Seite 20.

2. Apfelsaft, Kirschsaft und Rosensirup in einen Topf geben und auf ca. 50°C erhitzen.

Gelierzucker und Apfel-Pektin mischen und unter ständigem Rühren zum Saft geben.

Aufkochen und unter Rühren 4 Minuten kochen lassen.

Eine Gelierprobe machen.

3. Den Schaum mit einer Schaumkelle entfernen.

Die Masse in die vorbereiteten Gläser randvoll einfüllen.

Mit Deckeln verschließen.

Gläser umdrehen und auf dem Deckel stehen lassen, bis die Masse fast erkaltet ist.

Anschließend die Gläser wieder umdrehen.

Gegrillte Ananas, Banane, Rum, Gewürze

Zutaten für ca. 6 Gläser à 250 ml, für größere Mengen Zutaten im Verhältnis erhöhen

1	**2**	**1 Schote**	**100 g**	**100 ml**	**2 Körner**	**500 g**
Ananas (reif; am besten Flugananas verwenden)	**kleine Bananen**	**Vanille**	**Zucker**	**Weißwein**	**Piment**	**2:1 Gelierzucker**

1.

Ananas schälen und das feste Mittelstück entfernen. 750 g Fruchtfleisch abwiegen und in 1 cm kleine Würfel schneiden.

Banane schälen. 150 g Fruchtfleisch abwiegen und in dünne Scheiben schneiden.

Vanilleschote mit einem kleinen Messer längs aufschlitzen. Das Mark herausschaben.

2.

Zucker in einen Topf geben und langsam unter Rühren karamellisieren lassen.

Mit Weißwein sehr vorsichtig nach und nach ablöschen.

Ananas, Banane, Vanillemark, Vanilleschote, Pimentkörner und Gelierzucker zufügen.

Unter Rühren aufkochen. 4 Minuten unter ständigem Rühren kochen lassen, Topf beiseitestellen.

Rum zufügen.

3.

Den Schaum, die Pimentkörner und die Vanilleschote mit einer Schaumkelle entfernen.

Die Masse in die vorbereiteten Gläser randvoll einfüllen.

Mit Deckeln verschließen.

Gläser umdrehen und auf dem Deckel stehen lassen, bis die Masse fast erkaltet ist.

Kürbis, Blutorange, Zimt

Kürbis, Blutorange, Zimt

Zutaten für ca. 6 Gläser à 250 ml, für größere Mengen Zutaten im Verhältnis erhöhen

900 g

Kürbis
(Hokkaido- oder
Muskatkürbis)

7

Blutorangen

15 g

Zimt
(gemahlen)

500 g

2:1 Gelierzucker

1.

Kürbis schälen und das Kerngehäuse entfernen.
500 g Fruchtfleisch abwiegen. Kürbis fein reiben.

2–4 Orangen dick abschälen, so dass die weiße
Haut dabei entfernt wird. Anschließend die Filets
mit einem Messer herauslösen.

Restliche Orangen halbieren und den Saft auspressen.

Insgesamt 500 g Orangenfilets und -saft abwiegen.

2.

Kürbis, Orangenfilets und Saft in einen Topf geben.

Zimt mit dem Gelierzucker mischen und zufügen.

Unter Rühren aufkochen lassen. 4 Minuten unter
ständigem Rühren kochen lassen.

Eine Gelierprobe machen.

3.

Den Schaum mit einer Schaumkelle entfernen.

Die Masse in die vorbereiteten Gläser randvoll
einfüllen.

Mit Deckeln verschließen.

Gläser umdrehen und auf dem Deckel stehen
lassen, bis die Masse fast erkaltet ist.
Anschließend die Gläser wieder umdrehen.

Exotische Früchte, grünes Gemüse, Algen

Zutaten für ca. 6 Gläser à 250 ml, für größere Mengen Zutaten im Verhältnis erhöhen

Ananas
(reif)

1

große Mango
(reif)

1

Maracujas
(reif)

8

Brokkoli

100 g

Algen
(eingeweicht)

50 g

2:1 Gelierzucker

500 g

1.

Ananas schälen, das Mittelstück entfernen, 550 g Fruchtfleisch abwiegen und in kleine Würfel schneiden.

Mango schälen und den Stein entfernen. 200 g Fruchtfleisch abwiegen. Das Fruchtfleisch fein würfeln.

Maracuja halbieren, Fruchtfleisch mit einem Löffel herauslösen. 100 g Fruchtfleisch abwiegen.

Brokkoli waschen, putzen und in feine Stücke schneiden. In kochend heißem Wasser ca. 2 Minuten blanchieren.

Algen in kaltem Wasser einweichen und mehrmals gut auswaschen. Anschließend in sehr feine Stücke schneiden.

2.

Ananas, Mango, Maracuja, Brokkoli und Algen in einen Topf geben. Die Zutaten nach Belieben pürieren.

Gelierzucker zufügen und unter Rühren aufkochen.

4 Minuten unter ständigem Rühren kochen lassen.

Eine Gelierprobe machen.

3.

Den Schaum mit einer Schaumkelle entfernen.

Die Masse in die vorbereiteten Gläser randvoll einfüllen.

Mit Deckeln verschließen.

Gläser umdrehen und auf dem Deckel stehen lassen, bis die Masse fast erkaltet ist. Anschließend die Gläser wieder umdrehen.

Banane, Orange, Rum

Banane, Orange, Rum

Zutaten für ca. 6 Gläser à 250 ml. für größere Mengen Zutaten im Verhältnis erhöhen

1 kg

Bananen
(reif)

6

Orangen
(2 unbehandelt, 4 für Saft)

500 g

2:1 Gelierzucker

5 cl

Rum

1.

Bananen schälen, 600 g Fruchtfleisch abwiegen und in grobe Stücke schneiden.

Unbehandelte Orangen waschen, trocken tupfen und die Schale dünn abreiben.

Sämtliche Orangen halbieren. Saft auspressen. 400 ml abmessen.

2.

Bananen mit Orangensaft pürieren und in einen Topf geben.

Abgeriebene Orangenschale und Gelierzucker zufügen.

Unter Rühren aufkochen. 4 Minuten unter ständigem Rühren kochen lassen.

Beiseitestellen und den Rum zufügen. Nicht mehr kochen lassen.

Eine Gelierprobe machen.

3.

Den Schaum mit einer Schaumkelle entfernen.

Die Masse in die vorbereiteten Gläser randvoll einfüllen.

Mit Deckeln verschließen.

Gläser umdrehen und auf dem Deckel stehen lassen, bis die Masse fast erkaltet ist. Anschließend die Gläser wieder umdrehen.

Banane, schwarze Johannisbeere, Orange

Zutaten für ca. 6 Gläser à 250 ml, für größere Mengen Zutaten im Verhältnis erhöhen

400 g

schwarze Johannisbeeren

600 g

Bananen
(reif)

4

Orangen

500 g

2:1 Gelierzucker

1. Johannisbeeren waschen, abtropfen lassen und von den Stielen lösen.

Bananen schälen. 400 g Fruchtfleisch abwiegen, in grobe Stücke schneiden und mit den Johannisbeeren pürieren.

Orangen halbieren, auspressen und 200 ml Saft abmessen.

2. Fruchtpüree und Gelierzucker in einen Topf geben.

Unter Rühren aufkochen. 4 Minuten unter ständigem Rühren kochen lassen.

Eine Gelierprobe machen.

3. Den Schaum mit einer Schaumkelle entfernen.

Die Masse in die vorbereiteten Gläser randvoll einfüllen.

Mit Deckeln verschließen.

Gläser umdrehen und auf dem Deckel stehen lassen, bis die Masse fast erkaltet ist.

Anschließend die Gläser wieder umdrehen.

Banane, Schokolade

Banane, Schokolade

Zutaten für ca. 6 Gläser à 250 ml. für größere Mengen Zutaten im Verhältnis erhöhen

1 kg

Bananen
(reif)

1 kg

Äpfel
(ersatzweise 200 ml
naturreinen Bio-Apfelsaft)

200 g

Zartbitterkuvertüre
(70 % Kakaoanteil)

500 g

2:1 Gelierzucker

1.

Bananen schälen, 600 g Fruchtfleisch abwiegen und in grobe Stücke schneiden.

Äpfel waschen, Stiele und Blütenansatz herausschneiden. Früchte vierteln, Kerngehäuse entfernen und die Früchte entsaften. 200 ml Saft abmessen.

Bananen mit dem Apfelsaft pürieren.

Kuvertüre in Stücke schneiden. Schokolade in eine Metallschüssel geben und im Wasserbad langsam schmelzen.

2.

Fruchtpüree und Gelierzucker in einen Topf geben.

Unter Rühren aufkochen.

Geschmolzene Kuvertüre zufügen und 4 Minuten unter ständigem Rühren kochen lassen.

Eine Gelierprobe machen.

3.

Den Schaum mit einer Schaumkelle entfernen.

Die Masse in die vorbereiteten Gläser randvoll einfüllen.

Mit Deckeln verschließen.

Gläser umdrehen und auf dem Deckel stehen lassen, bis die Masse fast erkaltet ist.

Anschließend die Gläser wieder umdrehen.

Birne, Limone

Birne, Limone

Zutaten für ca. 6 Gläser à 250 ml, für größere Mengen Zutaten im Verhältnis erhöhen

3–4

Limetten
(unbehandelt)

1 kg

Birnen
(reif)

500 g

2:1 Gelierzucker

1. 2 Limetten waschen und trocken reiben. Die Schalen dünn mit einem Zestenreißer abschälen.

Sämtliche Limetten halbieren und den Saft auspressen. 100 ml Limettensaft abmessen.

Birnen waschen, schälen, vierteln und das Kerngehäuse entfernen. 900 g Fruchtfleisch abwiegen.

Birnen mit dem Limettensaft pürieren.

2. Birnenpüree, Limettenschale und Gelierzucker in einen Topf geben.

Unter Rühren aufkochen. 4 Minuten unter ständigem Rühren kochen lassen.

Eine Gelierprobe machen.

3. Den Schaum mit einer Schaumkelle entfernen.

Die Masse in die vorbereiteten Gläser randvoll einfüllen.

Mit Deckeln verschließen.

Gläser umdrehen und auf dem Deckel stehen lassen, bis die Masse fast erkaltet ist.

Anschließend die Gläser wieder umdrehen.

Birne, Tonkabohne

Birne, Tonkabohne

Zutaten für ca. 6 Gläser à 250 ml, für größere Mengen Zutaten im Verhältnis erhöhen

1,2 kg

Birnen
(reif)

max. ¹/₂

Tonkabohne
(gibt es in gut
sortierten Gewürzläden)

500 g

2:1 Gelierzucker

1.

Birnen schälen, vierteln und das Kerngehäuse entfernen.

1 kg Fruchtfleisch abwiegen und in Scheiben schneiden.

Tonkabohne sehr fein reiben.

2.

Birnen, Tonkabohne und Gelierzucker in einen Topf geben.

Unter Rühren aufkochen. 4 Minuten unter ständigem Rühren kochen lassen.

Eine Gelierprobe machen.

3.

Den Schaum mit einer Schaumkelle entfernen.

Die Masse in die vorbereiteten Gläser randvoll einfüllen.

Mit Deckeln verschließen.

Gläser umdrehen und auf dem Deckel stehen lassen, bis die Masse fast erkaltet ist.

Anschließend die Gläser wieder umdrehen.

Hinweis: Die Tonkabohne schwach dosieren, da sie in größeren Mengen, ebenso wie Muskat, Zimt und Waldmeister, als giftig eingestuft wird.

Mango, Aprikose

Zutaten für ca. 6 Gläser à 250 ml, für größere Mengen Zutaten im Verhältnis erhöhen

850 g

Aprikosen

1

große Mango
(reif, ca. 450 g)

500 g

2:1 Gelierzucker

1.

Aprikosen waschen und entsteinen. 750 g Aprikosen abwiegen.

Mango schälen und den Stein entfernen. 250 g Mango-Fruchtfleisch abwiegen.

Aprikosen und Mango pürieren.

2.

Fruchtpüree und Gelierzucker in einen Topf geben und unter Rühren zum Kochen bringen.

4 Minuten unter ständigem Rühren kochen lassen.

Eine Gelierprobe machen.

3.

Den Schaum mit einer Schaumkelle entfernen.

Die Masse in die vorbereiteten Gläser randvoll einfüllen.

Mit Deckeln verschließen.

Gläser umdrehen und auf dem Deckel stehen lassen, bis die Masse fast erkaltet ist.

Anschließend die Gläser wieder umdrehen.

Mango, Darjeeling

Mango, Darjeeling

Zutaten für ca. 6 Gläser à 250 ml, für größere Mengen Zutaten im Verhältnis erhöhen

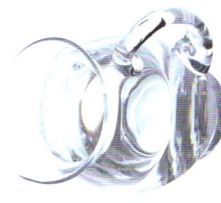

250 ml

Wasser

50 g

Darjeelingtee

3

große Mangos
(reif, ca. 1,5 kg)

500 g

2:1 Gelierzucker

1. Wasser aufkochen und den Darjeelingtee damit überbrühen. 5 Minuten ziehen lassen. Durch ein feines Teesieb gießen.

Tee mit heißem Wasser auf 250 ml auffüllen.

Mangos schälen, Kerne herauslösen. 750 g Fruchtfleisch abwiegen und pürieren.

2. Mangopüree, Tee, 1/2 TL der gekochten Teeblätter und Gelierzucker in einen Topf geben und unter Rühren zum Kochen bringen.

4 Minuten unter ständigem Rühren kochen lassen.

Eine Gelierprobe machen.

3. Den Schaum mit einer Schaumkelle entfernen.

Die Masse in die vorbereiteten Gläser randvoll einfüllen.

Mit Deckeln verschließen.

Gläser umdrehen und auf dem Deckel stehen lassen, bis die Masse fast erkaltet ist.

Anschließend die Gläser wieder umdrehen.

Mango, Koriander, Ingwer, Pandan

Mango, Koriander, Ingwer, Pandan

Zutaten für ca. 6 Gläser à 250 ml. für größere Mengen Zutaten im Verhältnis erhöhen

4
große Mango
(reif, ca. 2 kg)

30 g
Ingwer

10 g
Korianderkörner

3 Blätter
Pandan
(frisch, aus dem Asia-Shop)

500 g
2:1 Gelierzucker

1.

Mangofrüchte schälen, Kerne herauslösen. 1 kg Fruchtfleisch abwiegen und pürieren.

Ingwer schälen und sehr fein hacken.

Koriander in der Pfanne leicht anrösten und in einem Mörser sehr fein zerstoßen.

2.

Mangopüree, Ingwer, Koriander, Pandanblätter und Gelierzucker in einen Topf geben und unter Rühren zum Kochen bringen.

4 Minuten unter ständigem Rühren kochen lassen.

Eine Gelierprobe machen.

3.

Den Schaum und die Pandanblätter mit einer Schaumkelle entfernen.

Die Masse in die vorbereiteten Gläser randvoll einfüllen.

Mit Deckeln verschließen.

Gläser umdrehen und auf dem Deckel stehen lassen, bis die Masse fast erkaltet ist.

Anschließend die Gläser wieder umdrehen.

Ananas, Fenchel

Ananas, Fenchel

Zutaten für ca. 6 Gläser à 250 ml, für größere Mengen Zutaten im Verhältnis erhöhen

große Ananas
(reif)

1

250 g

Fenchel

500 g

2:1 Gelierzucker

1. Ananas schälen, das Mittelstück entfernen. 800 g Fruchtfleisch abwiegen. In kleine Würfel schneiden und pürieren.

Fenchel waschen und putzen. 200 g Fenchel abwiegen und in feine Würfel schneiden. In kochendem Wasser ca. 2 Minuten blanchieren.

2. Ananas, Fenchel und Gelierzucker in einen Topf geben.

Unter Rühren aufkochen. 4 Minuten unter ständigem Rühren kochen lassen.

Eine Gelierprobe machen.

3. Den Schaum mit einer Schaumkelle entfernen.

Die Masse in die vorbereiteten Gläser randvoll einfüllen.

Mit Deckeln verschließen.

Gläser umdrehen und auf dem Deckel stehen lassen, bis die Masse fast erkaltet ist.

Anschließend die Gläser wieder umdrehen.

Erdbeere, grüner Pfeffer, Balsamico

Erdbeere, grüner Pfeffer, Balsamico

Zutaten für ca. 6 Gläser à 250 ml, für größere Mengen Zutaten im Verhältnis erhöhen

1 kg

Erdbeeren

12 g

grüner Pfeffer

500 g

2:1 Gelierzucker

50 ml

Aceto Balsamico

1.

Erdbeeren waschen und abtropfen lassen. Stiele entfernen und Früchte pürieren.

Grünen Pfeffer in einem Mörser fein zerstoßen oder sehr fein hacken.

2.

Erdbeeren, Pfeffer und Gelierzucker in einen Topf geben.

Unter Rühren aufkochen und 4 Minuten unter ständigem Rühren kochen.

Aceto Balsamico zufügen und verrühren.

Eine Gelierprobe machen.

3.

Den Schaum mit einer Schaumkelle entfernen.

Die Masse in die vorbereiteten Gläser randvoll einfüllen.

Mit Deckeln verschließen.

Gläser umdrehen und auf dem Deckel stehen lassen, bis die Masse fast erkaltet ist.

Anschließend die Gläser wieder umdrehen.

Grüne Tomate

Grüne Tomate

Zutaten für ca. 6 Gläser à 250 ml, für größere Mengen Zutaten im Verhältnis erhöhen

1 kg	**1**	**1**	**1 Schote**	**15 g**	**500 g**
grüne Tomaten	Zitrone (unbehandelt)	Orange (unbehandelt)	Vanille	Apfel-Pektin (Bio-Qualität)	2:1 Gelierzucker

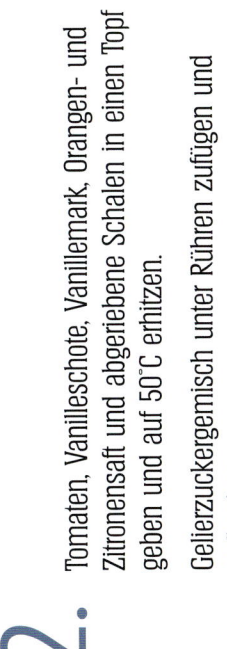

1. Tomaten gründlich waschen und abtropfen lassen. Stielansätze entfernen, Früchte in kleine Würfel schneiden.

Zitrone und Orange waschen und abtrocknen. Schalen jeweils dünn abreiben. Früchte halbieren und den Saft auspressen.

Vanilleschote längs mit einem kleinen Messer aufschlitzen und das Mark herausschaben.

Pektin mit dem Gelierzucker mischen.

2. Tomaten, Vanilleschote, Vanillemark, Orangen- und Zitronensaft und abgeriebene Schalen in einen Topf geben und auf 50°C erhitzen.

Gelierzuckergemisch unter Rühren zufügen und aufkochen.

4 Minuten unter ständigem Rühren kochen lassen. Eine Gelierprobe machen.

3. Den Schaum und die Vanilleschote mit einer Schaumkelle entfernen.

Die Masse in die vorbereiteten Gläser randvoll einfüllen.

Mit Deckeln verschließen.

Gläser umdrehen und auf dem Deckel stehen lassen, bis die Masse fast erkaltet ist. Anschließend die Gläser wieder umdrehen.

Himbeere, Kakaobohne

Himbeere, Kakaobohne

Zutaten für ca. 6 Gläser à 250 ml, für größere Mengen Zutaten im Verhältnis erhöhen

900 g

Himbeeren

100 g

Kakaobohnenbruch
(gibt es in gut
sortierten Gewürzläden)

500 g

2:1 Gelierzucker

1.

Himbeeren verlesen, nach Belieben waschen und abtropfen lassen.

2.

Früchte, Kakaobohnenbruch und Gelierzucker in einen Topf geben und unter Rühren zum Kochen bringen.

Anschließend 4 Minuten unter ständigem Rühren kochen lassen.

Eine Gelierprobe machen.

3.

Den Schaum mit einer Schaumkelle entfernen.

Die Masse in die vorbereiteten Gläser randvoll einfüllen.

Mit Deckeln verschließen.

Gläser umdrehen und auf dem Deckel stehen lassen, bis die Masse fast erkaltet ist.

Anschließend die Gläser wieder umdrehen.

Himbeere, Paprika, Vanille, Chili

Himbeere, Paprika, Vanille, Chili

Zutaten für ca. 6 Gläser à 250 ml. für größere Mengen Zutaten im Verhältnis erhöhen

500 g

Himbeeren

700 g

Paprika
(rot)

1 Schote

Vanille

1

Chili
(rot)

500 g

2:1 Gelierzucker

1.

Die Himbeeren verlesen.

Die Paprika waschen und mit einem Sparschäler die Haut abschälen. Paprika halbieren, Kerne entfernen. 500 g abwiegen und fein würfeln.

Vanilleschote mit einem kleinen Messer längs aufschlitzen. Das Mark herausschaben.

Chili halbieren, Kerne entfernen und Chili in sehr feine Würfel schneiden.

2.

Früchte, Paprika, Vanilleschote, Vanillemark, Chili und Gelierzucker in einen Topf geben und unter Rühren zum Kochen bringen.

Anschließend 4 Minuten unter ständigem Rühren kochen lassen.

Eine Gelierprobe machen.

3.

Den Schaum und die Vanilleschote mit einer Schaumkelle entfernen.

Die Masse in die vorbereiteten Gläser randvoll einfüllen.

Mit Deckeln verschließen.

Gläser umdrehen und auf dem Deckel stehen lassen, bis die Masse fast erkaltet ist.

Anschließend die Gläser wieder umdrehen.

Heidelbeere, Zitronengras

Heidelbeere, Zitronengras

Zutaten für ca. 6 Gläser à 250 ml. für größere Mengen Zutaten im Verhältnis erhöhen

1 kg

Waldheidelbeeren

3 Stück

Zitronengras
(Asia-Shop)

500 g

2:1 Gelierzucker

1.

Die Heidelbeeren verlesen, waschen und abtropfen lassen.

Das Zitronengras mit einem Messerrücken etwas flach klopfen, so dass sich das Aroma besser entfalten kann.

Zitronengras mit Küchenband zusammenbinden.

2.

Heidelbeeren, Zitronengras und Gelierzucker in einen Topf geben und unter Rühren zum Kochen bringen.

Anschließend 4 Minuten unter ständigem Rühren kochen lassen.

Eine Gelierprobe machen.

3.

Den Schaum und das Zitronengras mit einer Schaumkelle entfernen.

Die Masse in die vorbereiteten Gläser randvoll einfüllen.

Mit Deckeln verschließen.

Gläser umdrehen und auf dem Deckel stehen lassen, bis die Masse fast erkaltet ist.

Anschließend die Gläser wieder umdrehen.

Guave, Limette (halb und halb im Glas)

Guave, Limette (halb und halb im Glas)

Zutaten für ca. 6 Gläser à 250 ml, für größere Mengen Zutaten im Verhältnis erhöhen

6-8	1 kg	250 g	3 g	750 g	250 g
Limetten	**Äpfel** (ersatzweise 250 ml naturreinen Bio-Apfelsaft)	**2:1 Gelierzucker**	**Pektin** (Bio-Qualität)	**Guaven** (reif)	**2:1 Gelierzucker**

1.

Limetten halbieren und Saft auspressen. 250 ml Saft abmessen.

Apfelsaft pressen. 250 ml Apfelsaft abmessen. Falls kein Entsafter vorhanden ist, s. Seite 20.

Limettensaft und Apfelsaft in einen Topf geben und auf 50°C erhitzen.

250 g Gelierzucker und Pektin mischen, unter ständigem Rühren zufügen und aufkochen.

4 Minuten kochen lassen.

Eine Gelierprobe machen.

2.

Den Schaum mit einer Schaumkelle entfernen.

Die Masse sofort in die vorbereiteten Gläser bis zur Hälfte einfüllen.

Mit Deckeln verschließen.

Gläser nicht umdrehen.

Ganz erkalten lassen.

3.

Guaven halbieren.

Die Kerne und das anhaftende Fruchtfleisch herauslösen und durchpassieren.

500 g Guavenfruchtfleisch abwiegen und mit 250 g Gelierzucker in einen Topf geben.

Unter Rühren aufkochen. 4 Minuten unter ständigem Rühren kochen lassen.

4.

Den Schaum mit einer Schaumkelle entfernen.

Die Limettenfruchtaufstrich-Gläser wieder öffnen, Guavenfruchtaufstrich vorsichtig einfüllen und mit Deckeln wieder verschließen.

Nicht auf den Deckel stellen, sonst mischt sich der Fruchtaufstrich.

93

Preiselbeere, Rotwein

Preiselbeere, Rotwein

Zutaten für ca. 6 Gläser à 250 ml. für größere Mengen Zutaten im Verhältnis erhöhen

750 g

Preiselbeeren
(frisch)

250 ml

Rotwein
(trocken)

500 g

2:1 Gelierzucker

1.

Die Preiselbeeren verlesen, gründlich waschen und abtropfen lassen.

Preiselbeeren mit Rotwein pürieren.

2.

Frucht-Weinpüree und Gelierzucker in einen Topf geben und unter Rühren zum Kochen bringen.

4 Minuten unter ständigem Rühren kochen lassen.

Eine Gelierprobe machen.

3.

Den Schaum mit einer Schaumkelle entfernen.

Die Masse in die vorbereiteten Gläser randvoll einfüllen.

Mit Deckeln verschließen.

Gläser umdrehen und auf dem Deckel stehen lassen, bis die Masse fast erkaltet ist.

Anschließend die Gläser wieder umdrehen.

Stachelbeere, Holunderblüte

Stachelbeere, Holunderblüte

Zutaten für ca. 6 Gläser à 250 ml, für größere Mengen Zutaten im Verhältnis erhöhen

250 ml	50 g	750 g	500 g	15 g
Weißwein	**Holunderblüten-Dolden** (frisch)	**Stachelbeeren**	**2:1 Gelierzucker**	**Apfel-Pektin** (Bio-Qualität)

1.

Weißwein auf 50°C erwärmen.

Die Holunderblüten mit dem Weißwein übergießen und zugedeckt 24 Stunden ziehen lassen. Danach durch ein feines Sieb gießen.

Stachelbeeren waschen, abtropfen lassen und putzen.

Stachelbeeren pürieren.

2.

Stachelbeeren und Holunderblütensud in einen Topf geben und auf 50°C erhitzen.

Gelierzucker und Pektin mischen und unter ständigem Rühren zufügen.

Aufkochen und 4 Minuten unter ständigem Rühren kochen lassen.

Eine Gelierprobe machen.

3.

Den Schaum mit einer Schaumkelle entfernen.

Die Masse in die vorbereiteten Gläser randvoll einfüllen.

Mit Deckeln verschließen.

Gläser umdrehen und auf dem Deckel stehen lassen, bis die Masse fast erkaltet ist.

Anschließend die Gläser wieder umdrehen.

Pfirsich, Rosmarin

Pfirsich, Rosmarin

Zutaten für ca. 6 Gläser à 250 ml. für größere Mengen Zutaten im Verhältnis erhöhen

1,1 kg

Pfirsiche
(reif)

4 Zweige

Rosmarin

500 g

2:1 Gelierzucker

1.

Pfirsiche waschen, halbieren und den Kern herauslösen. 1 kg Fruchtfleisch abwiegen. Früchte in kleine Stücke schneiden, nach Belieben pürieren.

Rosmarin waschen und 3 Rosmarinzweige mit einem Küchenband zusammenbinden.

Vom restlichen Rosmarin jeweils ein paar Nadeln in die vorbereiteten Gläser geben.

2.

Pfirsiche, Rosmarin und Gelierzucker in einen Topf geben und unter Rühren zum Kochen bringen.

4 Minuten unter ständigem Rühren kochen lassen.

Eine Gelierprobe machen.

3.

Den Schaum und das Rosmarinbund mit einer Schaumkelle entfernen.

Die Masse in die vorbereiteten Gläser randvoll einfüllen.

Mit Deckeln verschließen.

Gläser umdrehen und auf dem Deckel stehen lassen, bis die Masse fast erkaltet ist.

Anschließend die Gläser wieder umdrehen.

Mirabelle, Vanille, Zimt

Mirabelle, Vanille, Zimt

Zutaten für ca. 6 Gläser à 250 ml, für größere Mengen Zutaten im Verhältnis erhöhen

1,1 kg

Mirabellen

2 Schoten

Vanille

2 Stangen

Zimt

500 g

2:1 Gelierzucker

1.

Mirabellen waschen, abtropfen lassen und entsteinen. 1 kg Fruchtfleisch abwiegen.

1 Vanilleschote mit einem kleinen Messer längs aufschlitzen und das Vanillemark herausschaben.

Die zweite Vanilleschote in Stücke schneiden.

1 Zimtstange in Stücke teilen.

Vanilleschotenstücke und Zimtstücke in die vorbereiteten Gläser geben.

2.

Früchte, Vanillemark, Vanilleschote, 1 Zimtstange und Gelierzucker in einen Topf geben und unter Rühren zum Kochen bringen.

4 Minuten unter ständigem Rühren kochen lassen.

Eine Gelierprobe machen.

3.

Den Schaum, die Vanilleschote und die Zimtstange mit einer Schaumkelle entfernen.

Die Masse in die vorbereiteten Gläser randvoll einfüllen.

Mit Deckeln verschließen.

Gläser umdrehen und auf dem Deckel stehen lassen, bis die Masse fast erkaltet ist.

Anschließend die Gläser wieder umdrehen.

Apfel, Zitrone, Thymian

Apfel, Zitrone, Thymian

Zutaten für ca. 6 Gläser à 250 ml, für größere Mengen Zutaten im Verhältnis erhöhen

2,5–3 kg

Äpfel
(ersatzweise 600 ml
naturreinen Bio-Apfelsaft)

1 l

Zitronen
(unbehandelt)

6 Zweige

Thymian

15 g

Apfel-Pektin
(Bio-Qualität)

500 g

2:1 Gelierzucker

1.

Äpfel waschen, Blüten und Stielansatz entfernen. Äpfel vierteln und das Kerngehäuse entfernen. Früchte in den vorbereiteten Entsafter geben und entsaften. 600 ml Apfelsaft abmessen. (Wenn kein Entsafter vorhanden ist, s. Seite 20.)

Eine unbehandelte Zitrone gründlich waschen und in hauchdünne Scheiben schneiden.

Restliche unbehandelte Zitronen halbieren und Saft auspressen. 400 ml Zitronensaft abmessen.

Thymianzweige waschen und abtupfen. Jeweils einige Thymianblättchen in die vorbereiteten Gläser geben.

Restliche Thymianzweige mit Küchenband umwickeln.

2.

Apfelsaft, Zitronensaft, Zitronenscheiben, Thymian in einen Topf geben und auf 50°C erhitzen.

Apfel-Pektin mit dem Gelierzucker mischen. Unter ständigem Rühren zufügen und zum Kochen bringen.

4 Minuten unter ständigem Rühren kochen lassen.

Eine Gelierprobe machen.

3.

Den Schaum und das Thymianbündel mit einer Schaumkelle entfernen.

Die Masse in die vorbereiteten Gläser randvoll einfüllen.

Mit Deckeln verschließen.

Gläser umdrehen und auf dem Deckel stehen lassen, bis die Masse fast erkaltet ist.

Anschließend die Gläser wieder umdrehen.

Himbeere, Litschi

Himbeere, Litschi

Zutaten für ca. 6 Gläser à 250 ml, für größere Mengen Zutaten im Verhältnis erhöhen

600 g

Himbeeren

750 g

Litschis

500 g

2:1 Gelierzucker

1.

Himbeeren verlesen, nach Belieben waschen und gründlich abtropfen lassen.

Litschifrüchte jeweils bis auf den Kern einschneiden. Schale entfernen und das Fruchtfleisch vom Kern lösen. 400 g Fruchtfleisch abwiegen.

Früchte in kleine Stücke schneiden.

2.

Himbeeren, Litschis und Gelierzucker in einen Topf geben und unter Rühren zum Kochen bringen.

Anschließend 4 Minuten unter ständigem Rühren kochen lassen.

Eine Gelierprobe machen.

3.

Den Schaum mit einer Schaumkelle entfernen.

Die Masse in die vorbereiteten Gläser randvoll einfüllen.

Mit Deckeln verschließen.

Gläser umdrehen und auf dem Deckel stehen lassen, bis die Masse fast erkaltet ist.

Anschließend die Gläser wieder umdrehen.

Pfirsich, Malzbier

Pfirsich, Malzbier

Zutaten für ca. 6 Gläser à 250 ml. für größere Mengen Zutaten im Verhältnis erhöhen

850 g

Pfirsiche

250 ml

Malzbier

500 g

2:1 Gelierzucker

1.

Pfirsiche waschen und abtropfen lassen. Früchte halbieren und Stein entfernen.

750 g Fruchtfleisch abwiegen und in Stücke schneiden.

2.

Früchte, Malzbier und Gelierzucker in einen Topf geben und unter Rühren zum Kochen bringen.

Anschließend 4 Minuten unter ständigem Rühren kochen lassen.

Eine Gelierprobe machen.

3.

Den Schaum mit einer Schaumkelle entfernen.

Die Masse in die vorbereiteten Gläser randvoll einfüllen.

Mit Deckeln verschließen.

Gläser umdrehen und auf dem Deckel stehen lassen, bis die Masse fast erkaltet ist.

Anschließend die Gläser wieder umdrehen.

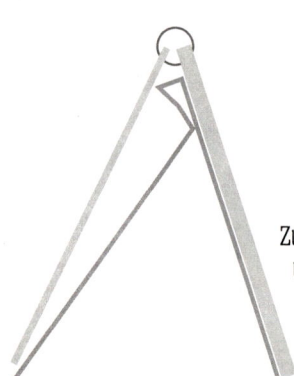

Zum Aufstellen des Buches klappen Sie den vorderen Deckel um 180 Grad um. Anschließend befestigen Sie die Öse am Ende der Verschlusskordel an der hinteren Verschlussvorrichtung. Stellen Sie dann das Buch entsprechend der Zeichnung auf.

Rezepte für Vorspeisen, Hauptgerichte, Desserts & Gebäck

Benutzen Sie Marmeladen & Co. nicht nur als Aufstrich. Vielen Gerichten können sie ein Tüpfelchen Raffinesse und überraschende Geschmacksnoten verleihen. Die nachfolgenden Rezepte sollen als Beispiel und zur Inspiration dienen. Spielen Sie einfach selber und probieren Sie aus.

Stellen Sie den Fuß des Buches beim Einsatz in der Küche auf, um eine optimale Aufsicht auf das jeweilige Rezept zu haben.

Viel Spaß und Erfolg bei der Umsetzung.

Hummerkrabben euroasiatisch mit Reis süß-sauer

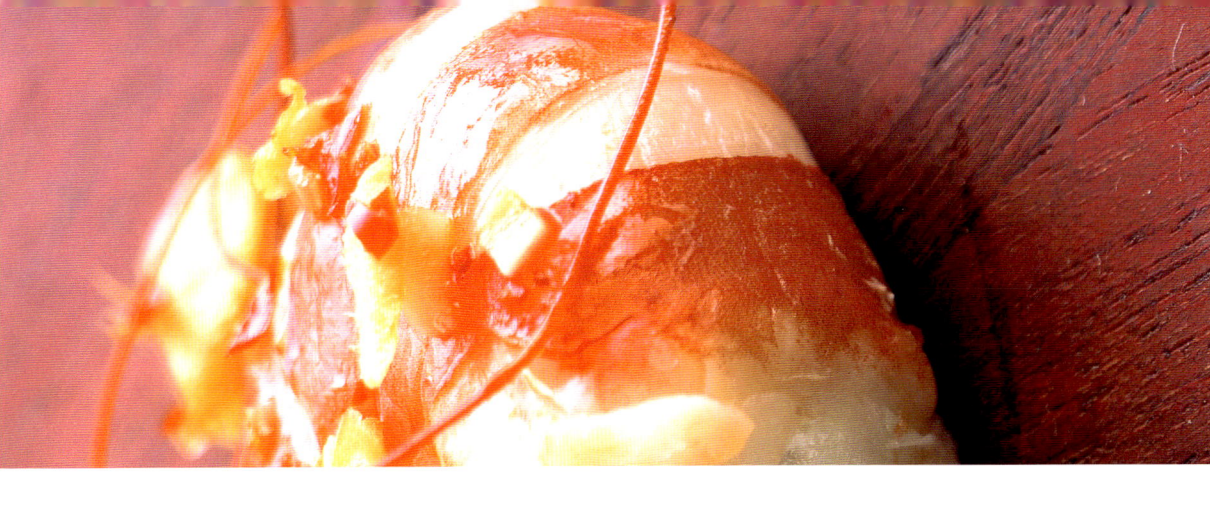

Hummerkrabben euroasiatisch mit Reis süß-sauer

Vorspeise · Zutaten für 4 Portionen · Zubereitungszeit: ca. 50 Minuten

ZUTATEN

8	Hummerkrabben, roh mit Kopf und Schwanz
1 Zehe	Knoblauch
30 g	Ingwer
1	Chili
1	Bio-Limette
2 EL	Austernsauce
1 EL	Sojasauce
150 g	Zuckerschoten
2	Frühlingszwiebeln
125 g	Himalajareis
2–3 EL	Öl
2–3 EL	Himbeer-Litschi-Fruchtaufstrich
4 Stiele	Thai-Basilikum
125 g	Himbeeren

1.

Hummerkrabben waschen und abtupfen.

Knoblauch und Ingwer schälen und fein würfeln.

Chili fein hacken.

Limettenschale mit einem Zestenreißer abschälen, Schale hacken. Saft auspressen. Schale und Saft mit Austernsauce und Sojasauce verrühren.

Zuckerschoten in feine schräge Streifen schneiden.

Frühlingszwiebeln putzen und in sehr schräge Streifen schneiden.

2.

Himalajareis nach Packungsanleitung in leicht gesalzenem Wasser kochen.

Inzwischen Zuckerschoten in 1 EL heißem Öl ca. 2 Minuten braten. Frühlingszwiebeln, die Hälfte Ingwer, Knoblauch und Chili kurz mitbraten. Mit der Hälfte der Austern-Limetten-Sauce ablöschen.

Thai-Basilikumblättchen von den Stielen zupfen.

Reis abtropfen mit Himbeer-Litschi-Fruchtaufstrich, der Hälfte Thai-Basilikum und Himbeeren sehr vorsichtig mischen.

3.

Hummerkrabben in restlichem Öl mit restlichem Chili, Ingwer und Knoblauch rundherum ca. 3–4 Minuten braten. Mit restlicher Austern-Limetten-Sauce ablöschen.

Himbeer-Reis mit Zuckerschoten und Frühlingszwiebeln mischen. Mit Hummerkrabben und restlichem Thai-Basilikum auf Tellern anrichten.

Manchegosalat mit Heidelbeeren

Manchegosalat mit Heidelbeeren

Vorspeise · Zutaten für 4 Portionen · Zubereitungszeit: ca. 35 Minuten

ZUTATEN

Für den Filoteig:

4 Blätter	Filoteig (120 g)
2 EL	Butter
1 EL	gehackte Mandeln
1 TL	grobes Meersalz
1 EL	Thymianblättchen

Für den Salat:

200 g	Manchegokäse
1	Chili
200 g	Heidelbeeren
3 TL	„Gegrillte Ananas-Banane-Rum-Gewürze-Fruchtaufstrich"
4 EL	frisch gepressten Orangensaft
2 EL	Limettensaft
	Salz
2 EL	sehr feines kalt gepresstes Olivenöl
1 Beet	Kresse
einige Stiele	Sauerampfer

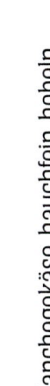

1. 4 Filoteigblätter halbieren. Jeweils dünn mit flüssiger Butter bepinseln und übereinanderlegen. Daraus 10–12 schräge Streifen schneiden.

Mit Mandeln, Meersalz und Thymianblättchen bestreuen.

Streifen auf ein mit Backpapier belegtes Backblech legen und im vorgeheizten Backofen bei 200°C (Umluft: 180°C; Gas: Stufe 3–4) ca. 10 Minuten goldbraun backen.

2. Manchegokäse hauchfein hobeln.

Chili sehr fein hacken.

Heidelbeeren waschen.

„Gegrillte Ananas-Banane-Rum-Gewürze-Fruchtaufstrich" mit Chili, Orangensaft, Limettensaft, Salz und Öl verrühren. Manchegokäse mit Heidelbeeren vorsichtig mischen und mit dem Dressing überziehen. Mit Kresse und Sauerampfer anrichten.

Dazu die Filoteigstreifen servieren.

Leber venezianischer Art

Leber venezianischer Art

Vorspeise · Zutaten für 4 Portionen · Zubereitungszeit: ca. 40 Minuten

ZUTATEN

500 g	Kalbsleber
4	kleine weiße Zwiebeln
4 Stiele	Salbei
2 EL	Olivenöl
2 EL	Butter
150 ml	Weißwein
2–3 TL	Pfirsich-Rosmarin-Fruchtaufstrich

1.

Kalbsleber abtupfen und in feine Scheiben schneiden.

Zwiebeln schälen und in feine Streifen schneiden.

Salbeiblättchen von den Stielen zupfen.

2.

Je 1 EL Butter und 1 EL Öl in einer Pfanne erhitzen und die Zwiebeln darin 3–4 Minuten glasig dünsten.

Mit Weißwein ablöschen und den Pfirsich-Rosmarin-Fruchtaufstrich zufügen.

Ca. 2 Minuten köcheln lassen. Warm stellen.

3.

Restliches Öl und Butter in der Pfanne erhitzen und die Leberscheiben mit Salbei darin von beiden Seiten jeweils 1.5 Minuten braten.

Mit Salz und Pfeffer würzen.

Die Zwiebeln zu der Leber geben.

Dazu passt eine cremige Zitronen-Pfeffer-Polenta.

Spinatsalat mit Birne und Roquefort

Spinatsalat mit Birne und Roquefort

Vorspeise · Zutaten für 4 Portionen · Zubereitungszeit: ca. 30 Minuten

ZUTATEN

Dressing:

4 TL	Birne-Limone-Fruchtaufstrich
6 TL	Traubenkernöl
6 TL	frisch gepressten Limettensaft
	Salz, frisch gemahlenen Pfeffer

außerdem:

50 g	Pinienkerne
150 g	junger Spinat
1	Frühlingszwiebel
120 g	Roquefort
1	reife Birne
100 g	rote Johannisbeeren

1.

Für das Dressing den Birnen-Limonen-Fruchtaufstrich verrühren.

Traubenkernöl, Limettensaft, Salz und frisch gemahlenen Pfeffer zufügen und nochmals verrühren.

2.

Pinienkerne in einer Pfanne ohne Fett goldbraun rösten. Auf einen Teller geben und abkühlen lassen.

Spinat putzen, waschen und in der Salatschleuder vorsichtig trocken schleudern.

Frühlingszwiebel putzen, waschen und in sehr feine Ringe schneiden.

Roquefort in feine Würfel schneiden.

Birne waschen, halbieren, Kerngehäuse entfernen und in hauchfeine Scheiben oder Spalten schneiden.

Johannisbeeren waschen und von den Stielen lösen.

3.

Spinat, Birnenspalten, Johannisbeeren, Frühlingszwiebeln, Roquefort, Pinienkerne und Dressing vorsichtig in einer Schüssel mischen und anrichten.

Dazu knusprig warmes Baguette servieren.

Taubenbrust mit Trauben-Chutney

Taubenbrust mit Trauben-Chutney

Vorspeise · Zutaten für 4 Portionen · Zubereitungszeit: ca. 40 Minuten

ZUTATEN

Trauben-Chutney:

350 g	Rosétrauben
2	kleine rote Zwiebeln
30 g	Ingwer
1	Chili
3 EL	Banane-Orange-Rum-Fruchtaufstrich
4 cl	Aceto bianco
30 g	braunen Zucker
50 ml	frisch gepressten Orangensaft
Salz	

außerdem:

50 g	Zartbitterschokolade (85 %)
8	Taubenbrustfilets (ersatzweise Wachtelbrustfilets)
2 EL	geklärte Butter oder Butterschmalz
	Meersalz, frisch gemahlenen Pfeffer
4 cl	Portwein

1.

Trauben gründlich waschen und von den Stielen zupfen.

Zwiebeln schälen und halbieren oder vierteln.

Ingwer schälen und fein würfeln. Chili fein hacken.

Zwiebeln, Ingwer, Chili, Banane-Orange-Rum-Fruchtaufstrich, Aceto, Zucker, Orangensaft und Salz in einen Topf geben und ca. 5 Minuten einköcheln lassen.

Trauben zufügen und weitere 5 Minuten köcheln.

Abkühlen lassen.

2.

Zartbitterschokolade hobeln.

Taubenbrustfilets evtl. von Sehnen befreien.

Butter in einer Pfanne erhitzen. Taubenbrustfilets darin rundherum ca. 5 Minuten braten.

Herausnehmen und mit Meersalz und Pfeffer würzen.

Bratsud mit Portwein ablöschen.

Taubenbrustfilets mit dem Trauben-Chutney und gehobelter Schokolade anrichten.

Bohneneintopf

Bohneneintopf

Hauptgericht · Zutaten für 4 Portionen · Zubereitungszeit: ca. 50 Minuten

ZUTATEN

300 g	dicke Bohnen
400 g	grüne Bohnen
8 Zweige	frisches Bohnenkraut
1 kleinen Zweig Lavendel	
2	Zwiebeln
2	Knoblauchzehen
500 g	Tomaten
100 g	geräucherten durchwachsenen Speck
4 EL	Olivenöl
750 ml	frisch gekochten Gemüsefond
2–3 EL	Grüne-Tomaten-Fruchtaufstrich
200 ml	Weißwein
Meersalz, Pfeffer	
80 g	Serrano-Schinken (in Scheiben)

1.

Bohnenkerne 2 Minuten in heißem Wasser blanchieren, abschrecken und Hülsen entfernen.

Grüne Bohnen putzen und halbieren.

Bohnenkraut und Lavendel waschen. Von den Stielen zupfen.

Zwiebeln und Knoblauchzehen schälen. Zwiebeln würfeln. Knoblauch in Scheiben schneiden.

Tomaten häuten und in Stücke schneiden.

Durchwachsenen Speck würfeln.

2.

2 EL Olivenöl erhitzen. Speck darin anbraten.

Zwiebeln und Knoblauch zufügen und kurz mitdünsten.

Grüne Bohnen, Bohnenkraut und Lavendel zufügen und mit Gemüsefond ablöschen.

Zugedeckt 12 Minuten kochen.

Anschließend Tomaten, Bohnenkerne, Grüne-Tomaten-Fruchtaufstrich und Weißwein zufügen.

Mit Meersalz und frisch gemahlenem Pfeffer würzen.

Zugedeckt weitere 5 Minuten köcheln lassen.

Inzwischen Schinkenscheiben halbieren. Restliches Olivenöl erhitzen und Schinken darin knusprig braten.

Bohneneintopf kräftig mit Salz und Pfeffer abschmecken.

Mit den knusprigen Schinkenscheiben und knusprigem Ciabatta servieren.

Zitronen-Thymian-Huhn mit Pasta

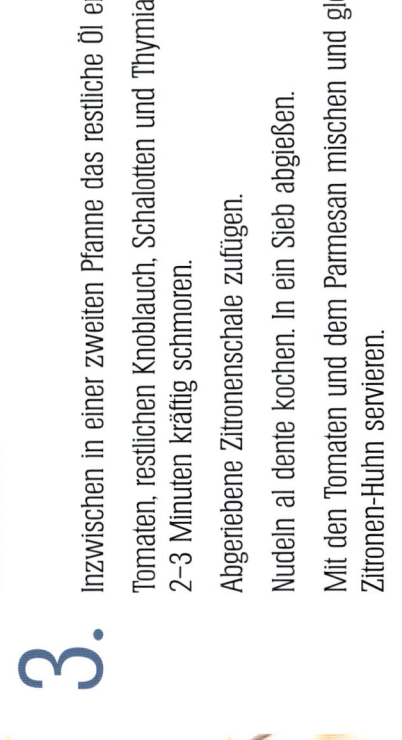

Zitronen-Thymian-Huhn mit Pasta

Hauptgericht · Zutaten für 4 Portionen · Zubereitungszeit: ca. 40 Minuten

ZUTATEN

2	Bio-Zitronen
2	Knoblauchzehen
2	Schalotten
3 Stiele	Zitronenverbene
8 Stiele	Thymian
500 g	Cherrytomaten
100 g	Parmesan
5 EL	Olivenöl
1 EL	Butter
4	Hähnchenbrustfilets (600 g)
Meersalz, Pfeffer aus der Mühle	
3–4 TL	Zitrone-Thymian-Gelee
8 cl	weißen trockenen Portwein
400 g	frische Linguine oder Fettuccine

1.

Schale einer Zitrone abreiben. Eine Zitrone in Scheiben schneiden.

Knoblauch und Schalotten schälen und fein würfeln.

Kräuter waschen und von den Stielen zupfen.

Tomaten waschen, die Hälfte halbieren.

Parmesan hobeln.

2.

Einen Topf mit reichlich Wasser und Salz zum Kochen bringen.

2 EL Olivenöl und Butter in einer Pfanne erhitzen. Hähnchenbrustfilets darin rundherum 3–4 Minuten anbraten. Mit Salz und frisch gemahlenem Pfeffer würzen.

Zitronenscheiben, die Hälfte des Knoblauchs und die Hälfte des Thymians zufügen und kurz mitbraten.

Zitrone-Thymian-Gelee, Portwein und Zitronenverbene zufügen und weitere 5 Minuten bei geringer Hitze zugedeckt schmoren.

Warm stellen.

3.

Inzwischen in einer zweiten Pfanne das restliche Öl erhitzen.

Tomaten, restlichen Knoblauch, Schalotten und Thymian zufügen und 2–3 Minuten kräftig schmoren.

Abgeriebene Zitronenschale zufügen.

Nudeln al dente kochen. In ein Sieb abgießen.

Mit den Tomaten und dem Parmesan mischen und gleich mit dem Zitronen-Huhn servieren.

Entenbrust auf Barolo-Risotto

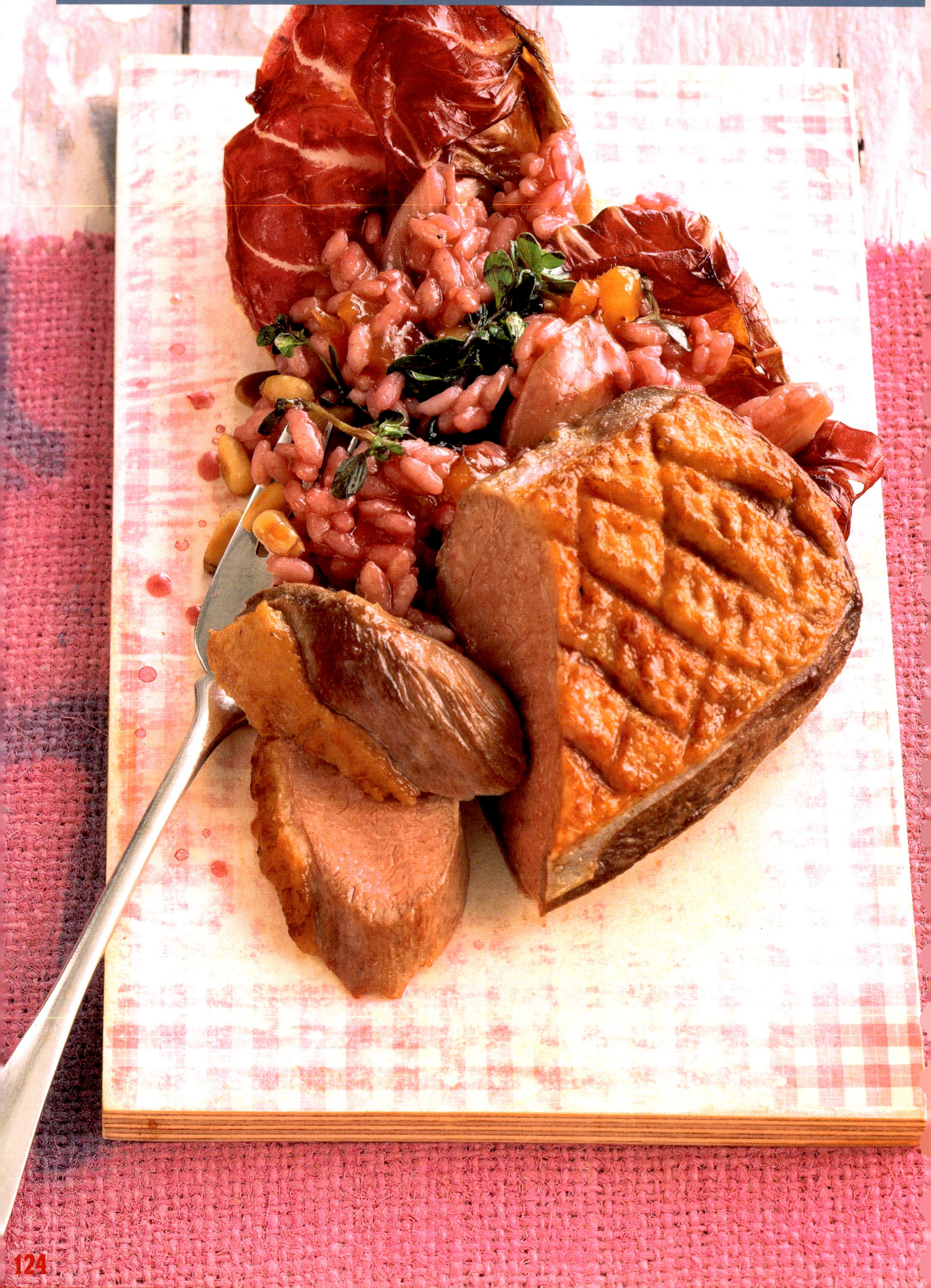

Entenbrust auf Barolo-Risotto

Hauptgericht · Zutaten für 4 Portionen · Zubereitungszeit: ca. 45 Minuten

ZUTATEN

2 Filets	Entenbrust (à 300 g)
	Meersalz, frisch gemahlenen Pfeffer
3	Schalotten
5 Zweige	Thymian
1 Kopf	Radicchio
50 g	Parmesan
4 EL	Olivenöl
250 g	Risotto-Reis
300 ml	Barolo
300 ml	Geflügelfond
2 EL	Butter
2 EL	Mango-Aprikosen-Fruchtaufstrich
30 g	Pinienkerne

1.

Backofen auf 160°C vorheizen.

Die Haut der Entenbrustfilets mit einem scharfen Messer kreuzweise einschneiden. Mit Salz und Pfeffer würzen.

Schalotten schälen und vierteln.

Thymianblättchen von den Stielen zupfen.

Radicchio putzen, waschen und den Strunk keilartig herausschneiden. Die Blätter ablösen.

Parmesan hobeln.

2.

In einer Pfanne 1 EL Olivenöl erhitzen und die Entenbrustfilets auf die Hautseite legen.

Filets von beiden Seiten jeweils 2 Minuten braten. Anschließend in Alufolie wickeln und im Backofen bei 160°C auf der 2. Schiene von unten ca. 15–18 Minuten garen.

3.

Inzwischen 2 EL Olivenöl in einem Topf erhitzen. Schalotten zufügen und langsam glasig dünsten.

Risotto-Reis und Thymian zufügen und ca. 1 Minute weiterdünsten, bis der Reis glasig wird.

Nach und nach den Barolo und den Geflügelfond zufügen, dabei immer wieder rühren und solange warten bis der Reis die Flüssigkeit aufgesogen hat.

Den Risotto ca. 15 Minuten garen, dabei immer wieder umrühren. Der Reis sollte weich sein, aber noch etwas Biss haben.

4.

Radicchioblätter kurz in heißer Butter anbraten und mit dem Mango-Aprikosen-Fruchtaufstrich und Parmesan unter das Risotto geben.

Pinienkerne in einer beschichteten Pfanne goldbraun rösten und zum Risotto geben.

Entenbrustfilets in Scheiben schneiden und mit dem Risotto anrichten.

Fasanenbrust mit Quitten-Kakao-Kruste und Rahmpastinaken

Fasanenbrust mit Quitten-Kakao-Kruste und Rahmpastinaken

Hauptgericht · Zutaten für 4 Portionen · Zubereitungszeit: ca. 45 Minuten

ZUTATEN

4 Filets   Fasanenbrust oder Perlhuhnbrust

Für die Kakao-Kruste:

1 Scheibe	Weißbrot
50 g	Butter
1	Bio-Orange
2 Zweige	Rosmarin
40 g	gemahlene Mandeln
2 gestr. EL	Kakao
6 TL	Quitte-Orange-Koriander-Fruchtaufstrich

Meersalz, Pfeffer aus der Mühle

Für das Gemüse:

500 g	Pastinaken
2 EL	Butterschmalz
80 ml	Sahne
1 Bund	Koriander
2 EL	Balsamico-Karamell

1.

Backofen auf 190°C (Umluft: 170°C; Gas: Stufe 3) vorheizen.

Haut und evtl. Sehnen von den Fasanenbrüsten entfernen.

Weißbrot in kleine Würfel schneiden.

20 g Butter in einer beschichteten Pfanne erhitzen. Brotwürfel darin goldbraun rösten. Beiseitestellen.

Schale der Orange fein abreiben. Saft auspressen.

Rosmarin abzupfen und fein hacken.

Mandeln mit 1 Teelöffel Orangenschale, 2 EL Kakao, Rosmarin, Quitte-Orange-Koriander-Fruchtaufstrich, Meersalz und Pfeffer verrühren.

2.

Pastinaken schälen und sehr fein hobeln.

Fasanenbrüste im heißen Butterschmalz rundherum kräftig anbraten. In eine flache Auflaufform legen.

Quitten-Kakao-Masse mit den gerösteten Weißbrotwürfeln auf die Fasanenbrüste streichen.

Orangensaft angießen und die Fasanenbrüste im vorgeheizten Backofen 10 Minuten garen.

3.

Inzwischen restliche Butter in einem Topf erhitzen. Pastinaken darin kurz anbraten. Mit Sahne ablöschen und mit Salz und Pfeffer abschmecken. Die Pastinaken sollten noch knackig sein.

Darüber den gehackten Koriander geben und mit den Fasanenbrüsten und Balsamico-Karamell servieren. Dazu passt Kartoffelschaum.

Lammcarrée mit Mandel-Kräuter-Kruste

Lammcarrée mit Mandel-Kräuter-Kruste

Hauptgericht · Zutaten für 4 Portionen · Zubereitungszeit: ca. 50 Minuten

ZUTATEN

Mandel-Kräuter-Kruste:

3–4 Stiele	Rosmarin
8 Stiele	Thymian
2	Knoblauchzehen
1	Chilischote
1	Bio-Orange
50 g	gehackte Mandeln
3 TL	Dijon-Senf
Salz, Pfeffer	
4 TL	Aprikose-Lavendel-Fruchtaufstrich
2 EL	Olivenöl
600 g	Lammcarrée

außerdem:

400 g	frische Aprikosen
1	Bio-Limette
2 Stiele	Lavendel
40 g	Butter
2 TL	Aprikose-Lavendel-Fruchtaufstrich
Salz, Pfeffer aus der Mühle	

129

1.

Backofen auf 190°C (Umluft: 170°C; Gas: Stufe 3) vorheizen.

Kräuter waschen, von den Stielen zupfen.

Knoblauchzehe schälen.

Chilischote waschen, Stielende entfernen.

Orange waschen, die Schale mit einem Julienn-reißer fein schälen.

Orangenjulienne, Kräuter, Knoblauch und Chi-lischote fein hacken.

Masse in eine Schüssel geben. Mandeln, Senf, Salz und Aprikose-Lavendel-Fruchtaufstrich verrühren.

3.

Inzwischen Aprikosen waschen, halbieren, Stein entfernen.

Limette abreiben, Saft auspressen.

Lavendel waschen und vom Stiel zupfen.

Aprikosen in der heißen Butter anbraten.

Limettenschale, Saft, 2 TL Aprikose-Lavendel-Fruchtaufstrich, Meersalz, Pfeffer und Lavendel zufügen. Kurz schmoren und mit dem Lamm-carrée anrichten.

Dazu Kartoffelgratin servieren.

2.

Öl in einer Pfanne erhitzen.

Lammcarrée darin rundherum 5 Minuten anbra-ten. Anschließend aus der Pfanne nehmen.

Mit der Mandel-Kräuter-Masse bestreichen.

Lammcarrée auf ein Backblech geben. Auf die 2. Schiene von unten stellen.

Backofen auf 150°C (Umluft: 130°C; Gas: Stufe 3) zurückstellen und ca. 20 Minuten im Ofen weitergaren.

Pochierter Saibling auf Frühlingsgemüse

Pochierter Saibling auf Frühlingsgemüse

Hauptgericht · Zutaten für 4 Portionen · Zubereitungszeit: ca. 40 Minuten

ZUTATEN

750 g Frühlingsgemüse (z. B: grünen Spargel und Zuckerschoten)

Sauce:

5 Stiele	Estragon
2	Schalotten
1	Bio-Limette
200 g	geklärte Butter
250 ml	Weißwein
200 ml	Hummerfond
	Salz, Pfeffer
4	Eigelbe

außerdem:

4	Saiblingfilets (à 150 g)
2–3 TL	Stachelbeere-Holunderblüten-Aufstrich

1. Grünen Spargel waschen, das untere Drittel schälen, die Enden abschneiden. · Mit dem Sparschäler der Länge nach in feinste Scheiben schneiden. · Zuckerschoten längs in sehr schräge Stücke schneiden.

2. Estragon waschen und die Blättchen von den Stielen zupfen. · Schalotten schälen und fein würfeln. · Limette abreiben. · 10 g Butter erhitzen, Schalotten darin andünsten. · Mit Weißwein ablöschen und 2/3 des Estragons zufügen. · Sud ca. 5 Minuten kräftig köcheln, so dass der Sud um 1/3 reduziert ist. · Anschließend durch ein Sieb gießen. Die Hälfte davon für die Sauce beiseitestellen. · Den restlichen Sud in einen flachen Topf geben. · Hummerfond, Salz und Pfeffer zufügen, kurz aufkochen.

3. Gemüse in 30 g Butter 3 Minuten dünsten. · Mit Salz und Pfeffer abschmecken. Warm stellen. · Eigelbe, Salz und beiseitegestellten Estragonsud in eine Metallschüssel geben.

4. Limettenschale und restlichen Estragon zum Estragon-Fischsud geben. · Saiblingfilets nebeneinander in den Sud geben. Bei geringer Hitze ca. 4 Minuten pochieren. · Eigelbmasse über dem heißen Wasserbad sehr feinschaumig aufschlagen. Zuerst tropfenweise die geklärte, flüssige Butter unterschlagen, dann nach und nach in einem sehr dünnen Strahl die Butter weiter unterschlagen. · Stachelbeere-Holunderblüten-Aufstrich verrühren und ebenfalls unter die aufgeschlagene Sauce rühren.

Saiblingfilets mit dem Frühlingsgemüse und der Sauce servieren.

Rotbarbe aus dem Ofen

Rotbarbe aus dem Ofen

Hauptgericht · Zutaten für 4 Portionen · Zubereitungszeit: ca. 30 Minuten (plus 20 Minuten Garzeit)

ZUTATEN

4	küchenfertige Rotbarben
5 Stiele	Rosmarin
10 Stiele	Thymian
3 Stiele	Salbeiblätter
Meersalz, Pfeffer aus der Mühle	

außerdem:

3	Spitzpaprika (400 g)
1	Zucchini (200 g)
350 g	Cherrytomaten
6	Baby-Auberginen
2	Knoblauchzehen
4 EL	Olivenöl
200 ml	Hummerfond
3 TL	Himbeer-Paprika-Chili-Fruchtaufstrich

1. Backofen auf 190°C (Umluft: 170°C; Gas: Stufe 4) vorheizen.

Rotbarben waschen und trocken tupfen.

Kräuter waschen und von den Stielen zupfen.

Von innen und außen mit Salz und Pfeffer bestreuen

2. Paprika putzen, waschen und in Stücke schneiden.

Zucchini putzen, waschen und in schräge Stücke schneiden.

Tomaten waschen.

Auberginen putzen und längs halbieren.

Knoblauch schälen und würfeln.

Öl in einem großen flachen Bräter erhitzen. Gemüse, Kräuter und Knoblauch darin 5 Minuten schmoren.

Hummerfond und Himbeer-Paprika-Chili-Fruchtaufstrich zufügen und vorsichtig verrühren.

Fische nebeneinander auf das Gemüse legen.

Im vorgeheizten Backofen bei 190°C ca. 20 Minuten garen.

Fisch und Gemüse auf einer Platte anrichten.

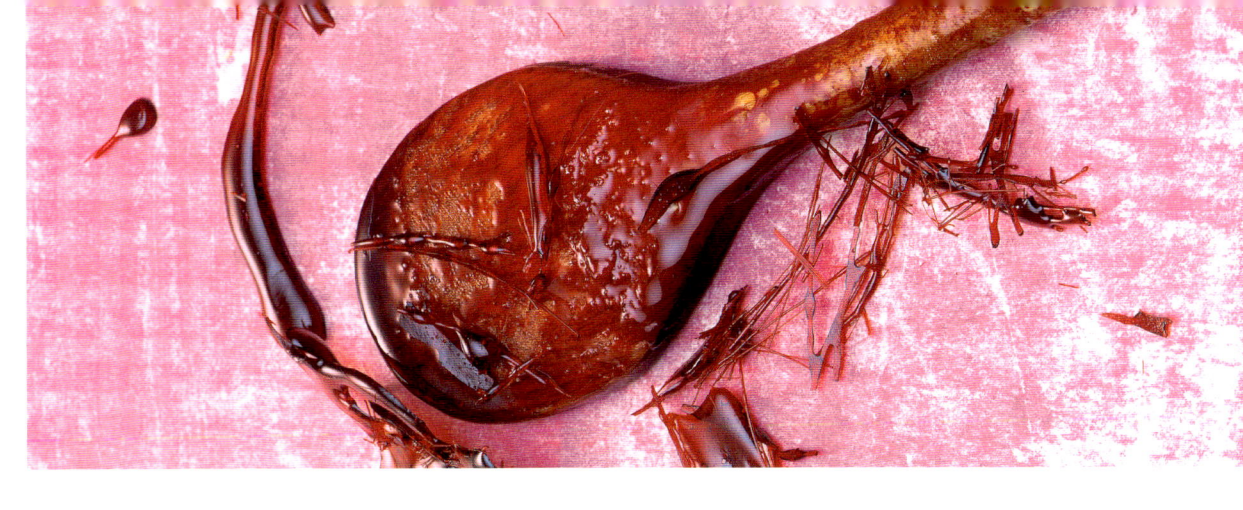

Iles flottantes in Rosensauce

Dessert · Zutaten für 4 Portionen · Zubereitungszeit: ca. 40 Minuten

ZUTATEN

Rotes Zuckerkaramell:

100 g	Zucker
1 EL	Wasser
1 TL	Zitronensaft
	rote Speisefarbe

Vanille-Sahne:

1 Schote	Vanille
300 ml	Milch
200 ml	Sahne
2	Eigelbe
4 TL	Rosengelee

Iles flottantes:

2	Eiweiß
1 TL	Zitronensaft
100 g	Zucker

außerdem:

unbehandelte Rosenblütenblätter

1.

Zucker, Wasser, Zitronensaft und rote Speisefarbe in einen Edelstahltopf mit dickem Boden geben und sprudelnd kochen, bis das Thermometer 155°C anzeigt.

Zuckermasse beiseitestellen, den Topf kurz in Eiswasser stellen und mit einer Gabel auf Backpapier Fäden ziehen, dabei noch warm zu Türmen hochziehen.

2.

Vanilleschote längs aufschlitzen und das Mark herauskratzen. Vanillemark, Vanilleschote, Milch und Sahne in einen breiten Topf geben.

3 EL der Vanille-Sahne-Milch mit den Eigelben verrühren.

Rosengelee in den Topf geben und die Vanille-Sahne-Milch aufkochen. Beiseitestellen und gelegentlich rühren, damit sich keine Haut bildet.

3.

Eiweiß mit Zitronensaft steif schlagen. Nach und nach Zucker einrieseln lassen. Weiterschlagen, bis die Masse glänzt und sehr fest ist.

Mit 2 Teelöffeln Nocken abstechen und in die Vanille-Rosen-Sahne setzen. Bei ganz geringer Hitze erwärmen, aber nicht kochen.

Zuerst die Iles flottantes vorsichtig mit einer kleinen Schöpfkelle auf den Tellern verteilen, unter Rühren die angerührte Ei-Sahne zur Rosen-Sahne geben, erneut unter Rühren erhitzen, aber nicht mehr kochen.

Die Rosen-Sahne dazugeben und gleich mit unbehandelten Rosenblättern und Zuckergespinst servieren.

Kartoffel-Quark-Knödel mit Prosecco-Schaum

Kartoffel-Quark-Knödel mit Prosecco-Schaum

Dessert · Zutaten für 4 Portionen · Zubereitungszeit: ca. 45 Minuten

ZUTATEN

Kartoffel-Quark-Teig:

250 g	mehlig kochende Kartoffeln
125 g	Quark
1	Bio-Limette
2 Päck.	Bourbon-Vanillezucker
3 EL	Grieß
1	Eigelb (Kl. M)

außerdem:

250 g	Erdbeeren
2-3 EL	Erdbeere-Prosecco-Fruchtaufstrich

zum Wälzen:

50 g	Mandeln gemahlen
2 TL	frisch geriebene Semmelbrösel

Zum Braten:

40 g	Butter

Prosecco-Schaum:

2	Eigelbe (Kl. M)
2 cl	Orangenlikör
30 g	Zucker
120 ml	Prosecco

1.

Kartoffeln gründlich waschen und mit Schale 20–25 Minuten kochen. Abschrecken und die Schale pellen.

Kartoffeln zweimal durch eine Kartoffelpresse drücken.

Mit Quark, Grieß, 2 TL abgeriebener Limettenschale, Bourbon-Vanillezucker und ein Eigelb verkneten.

2.

Erdbeeren putzen, waschen und abtropfen. 12 kleine Erdbeeren beiseitestellen. Restliche Früchte je nach Größe halbieren und mit Erdbeere-Prosecco-Fruchtaufstrich verrühren und in eine Schüssel geben.

Quark-Kartoffel-Teig in 12 Portionen teilen. In die Mitte jeder Portion eine kleine Erdbeere geben. Hände mit etwas Grieß bestreuen und aus dem Teig kleine Klößchen formen.

Klößchen in siedendem Wasser gar ziehen lassen.

Mit einer Schaumkelle herausheben. Abtropfen lassen und im Mandeln-Semmelbrösel-Gemisch wälzen.

3.

Butter erhitzen. Klößchen in der heißen Butter rundherum goldbraun braten.

4.

Inzwischen Eigelb mit Orangenlikör und Zucker in eine Metallschüssel geben und weißschaumig verrühren.

Masse über dem heißen Wasserbad dickschaumig aufschlagen. Nach und nach den Prosecco zufügen. Mindestens 8–10 Minuten weiterschlagen, bis die Masse dickschaumig ist.

Klößchen mit dem Prosecco-Schaum servieren.

Rhabarber-Crumble mit Vanilleeis

Rhabarber-Crumble mit Vanilleeis

Dessert · Zutaten für 4 Portionen · Zubereitungszeit: ca. 25 Minuten (plus Backzeit)

ZUTATEN

350 g	Rhabarber
4 EL	Rhabarber-Apfel-Duftgeranie-Fruchtaufstrich

Crumble:

150 g	Mehl
50 g	gemahlene Haselnüsse
150 g	flüssige, abgekühlte Butter
60 g	Zucker
1 Päck.	Bourbon-Vanillezucker

außerdem:

2 EL	Puderzucker

1.

Backofen auf 200°C (Umluft: 180°C; Gas: Stufe 4) vorheizen.

Rhabarber putzen, waschen und in feine Streifen schneiden.

Mit Rhabarber-Apfel-Duftgeranie-Fruchtaufstrich in eine Schüssel geben und kurz verrühren.

In 4 kleine Auflaufförmchen oder 1 große Auflaufform geben.

2.

Mehl, Haselnüsse, Butter, Zucker und Vanillezucker in eine Schüssel geben und zu Streuseln verarbeiten.

Streuseln über den Rhabarber geben.

Auflaufförmchen auf ein Gitter stellen. Im Backofen auf der 2. Schiene von unten bei gleicher Temperatur ca. 25 Minuten backen.

Mit Puderzucker bestäuben.

Pro Portion eine Kugel Vanilleeis servieren.

Rhabarber-Maracuja-Eissoufflé

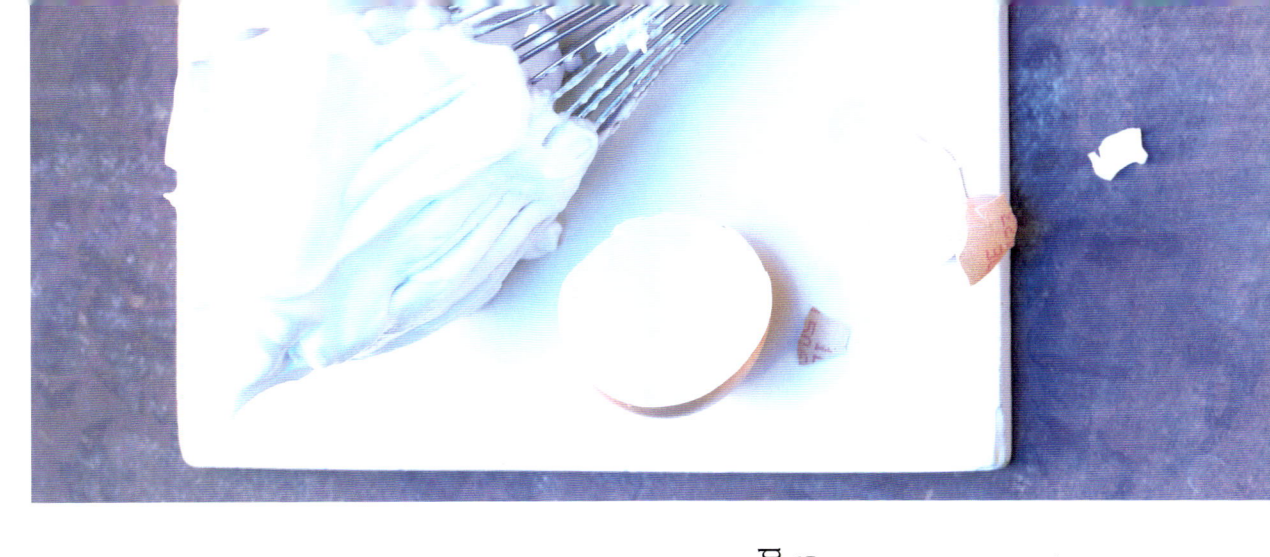

Rhabarber-Maracuja-Eissoufflé

Dessert · Zutaten für 4 Portionen · Zubereitungszeit: ca. 40 Minuten (plus Gefrierzeit)

ZUTATEN

Kompott:

250 g	Rhabarber
4 EL	Rhabarber-Maracuja-Fruchtaufstrich
50 g	Zucker
3	reife Maracuja

Parfaitmasse:

300 g	Sahne
2	Eigelbe
60 g	Zucker
2 cl	Grand Marnier

außerdem:

2	Eiweiß
1 TL	Zitronensaft
100 g	Zucker

1.

Rhabarber putzen, waschen und in sehr feine Stücke schneiden.

Rhabarberstücke mit Rhabarber-Maracuja-Fruchtaufstrich, 50 g Zucker und 4–5 EL Wasser ca. 5 Minuten dünsten.

Maracuja halbieren, Fruchtfleisch mit einem Löffel herauslösen.

Im Wasserbad abkühlen lassen.

Maracujafruchtfleisch zufügen.

2.

Sahne steif schlagen und kalt stellen.

Eigelbe mit Zucker und Grand Marnier 5 Minuten über dem heißen Wasserbad aufschlagen.

Beiseitestellen und das Rhabarber-Kompott kurz unterheben.

Sahne vorsichtig unterheben.

Schmale Portionsförmchen mit Pergamentpapiermanschette kreisrund auslegen. Parfaitmasse in Portionsförmchen füllen und mindestens 6 Stunden gefrieren.

3.

Eiweiß mit Zitronensaft steif schlagen. Zucker langsam einrieseln lassen, dabei weiterschlagen, bis die Masse glänzt.

Baisermasse in einen Spritzbeutel mit Sterntülle füllen und die Masse auf das Rhabarber-Maracuja-Parfait spritzen.

Unter dem vorgeheizten Grill ca. 3–4 Minuten übergrillen.

Papiermanschette vorsichtig entfernen und gleich servieren.

Zitroneneis mit Walnussbiskuit

Zitroneneis mit Walnussbiskuit

Dessert · Zutaten für 6 Portionen · Zubereitungszeit: ca. 1 Stunde

ZUTATEN

Zitroneneis:

200 g	Zucker	
125 ml	Wasser	
1	unbehandelte Zitrone	
200 ml	frisch gepressten Zitronensaft (von 4–6 Zitronen)	
4 EL	Ananas-Fenchel-Fruchtaufstrich	
1	Eiweiß (Kl. M)	

Walnussbiskuit:

2 Eier	(Kl. M)	
90 g	Zucker	
75 g	gemahlene Walnüsse	
30 g	Mehl	
30 g	flüssige Butter	

außerdem:

60 g	Zucker	

1. Zucker und Wasser aufkochen. Bei niedriger Hitze 5 Minuten köcheln lassen. · Sobald der Zuckersirup klar und dickflüssig ist, etwas abkühlen lassen. · Zitronenschale sehr dünn abreiben. · Zitronenschale, Zitronensaft und Ananas-Fenchel-Fruchtaufstrich zum Sirup geben und abkühlen lassen. · Eiweiß anschlagen, dabei aber nicht ganz steif schlagen. Unter die Zitronenmasse heben und in der Eismaschine ca. 20–25 Minuten gefrieren lassen. · Anschließend das Zitroneneis in eine Schale füllen und abgedeckt in das Gefrierfach stellen.

2. Inzwischen den Backofen auf 210°C (Umluft: 190°C; Gas: Stufe 4) vorheizen). · Ein Backblech mit Backpapier auslegen und einen verstellbaren Backrahmen (18 x 18 cm) daraufstellen. · Eier und Zucker ca. 10 Minuten weißcremig aufschlagen. · Walnüsse und Mehl mischen und vorsichtig unter die Eimasse heben. · 4 EL Masse mit Butter verrühren und dann unter die Walnussmasse heben. · Masse in den Backrahmen einfüllen. Backblech auf die 2. Schiene von unten stellen und bei oben angegebener Temperatur ca. 10 Minuten backen. · Ränder mit einem Messer vorsichtig lösen, Backrahmen entfernen und abkühlen lassen.

3. Zucker in einem kleinen Topf langsam erhitzen, bis er karamellisiert ist. Etwas abkühlen lassen · Karamell streifenartig auf ein Stück Backpapier verteilen. · Walnussbiskuit in 6 Stücke schneiden.

Mit je 1 Kugel Zitronensorbet und Karamell anrichten.

Gefülltes Schokoladen-Teegebäck

Gefülltes Schokoladen-Teegebäck

Gebäck · Zutaten für 40 Stück · Zubereitungszeit: ca. 45 Minuten

ZUTATEN

Für den Makronenteig:

3	Eiweiß
150 g	Zucker
150 g	gemahlene Haselnüsse
50 g	gehackte Zartbitterschokolade
30 g	Kakao
20 g	Mehl
30 g	gehobelte Haselnüsse

Für die Trüffelmasse:

200 g	weiße Kuvertüre
80 ml	Sahne
30 g	Butter

außerdem:

3 EL	Mango-Aprikose-Fruchtaufstrich

1.

Den Backofen auf 160°C (Umluft: 140°C; Gas: Stufe 3) vorheizen.

Eiweiß mit dem Schneebesen eines Handrührgerätes auf höchster Stufe steif schlagen. Den Zucker nach und nach einrieseln lassen. Ca. 5 Minuten rühren.

Haselnüsse, Schokolade, Kakao und Mehl mischen und kurz unterheben.

2.

Die Masse in einen Spritzbeutel mit Lochtülle füllen. Ca. 1,5 cm große Kreise auf 2 mit Backpapier belegte Backbleche spritzen. Mit gehobelten Haselnüssen bestreuen.

Im vorgeheizten Backofen bei gleicher Temperatur ca. 20 Minuten backen.

Das Gebäck auf einem Kuchengitter abkühlen lassen.

3.

Inzwischen die Kuvertüre in feine Stücke schneiden.

Sahne in einen Topf geben. Unter Rühren aufkochen, die Schokolade zufügen und verrühren bis sie geschmolzen ist.

Masse vom Herd nehmen und im kalten Wasserbad unter Rühren abkühlen lassen.

Masse in einen hohen Rührbecher füllen und mit dem Schneebesen des Handrührgerätes unter Zugabe der weichen Butter schaumig rühren.

4.

Masse in einen kleinen Plastik-Spritzbeutel geben. Äußerste Spitze abschneiden.

Den Fruchtaufstrich verrühren und ebenfalls in einen Plastikspritzbeutel geben. Äußerste Spitze abschneiden.

Makronen jeweils mit etwas Trüffelmasse und Mango-Aprikose-Fruchtaufstrich füllen.

Heidelbeermuffins

Heidelbeermuffins

Gebäck · Zutaten für 12 Stück · Zubereitungszeit: ca. 30 Minuten (plus Backzeit)

ZUTATEN

Füllung:

150 g	Heidelbeeren
3 EL	Heidelbeere-Zitronengras-Fruchtaufstrich

Teig:

175 g	Butter
150 g	Zucker
1 Päck.	Bourbon-Vanillezucker
1	Bio-Limette
3	Eier
130 g	Mehl
50 g	gemahlene Mandeln
1 TL	Backpulver

außerdem:

3 EL	Mandelblättchen
150 g	Heidelbeeren
2 EL	Heidelbeere-Zitronengras-Fruchtaufstrich
2 EL	Puderzucker

1.

50 g Heidelbeere-Zitronengras-Fruchtaufstrich pürieren. Restliche Heidelbeeren zufügen.

Masse in 12 kleine Gefrierwürfelbehälter füllen und einfrieren.

2.

Weiche Butter, Zucker, Bourbon-Vanillezucker und abgeriebene Schale der unbehandelten Limette weißschaumig schlagen.

Eier nach und nach zufügen, dabei jedes Ei mindestens 2 Minuten unterrühren.

Mehl, Mandeln und Backpulver untermischen.

Teig in gefettete Muffinförmchen füllen.

3.

In jeden Muffin vorsichtig einen tiefgefrorenen Würfel Heidelbeere-Zitronengras-Fruchtaufstrich drücken. Mandelblättchen darüber streuen und im vorgeheizten Backofen bei 175°C auf der 2. Stufe von unten ca. 23–25 Minuten backen.

5 Minuten in den Formen ruhen lassen, anschließend vorsichtig herauslösen.

4.

Heidelbeeren mit Heidelbeere-Zitronengras-Fruchtaufstrich verrühren und auf die Muffins geben.

Etwas abkühlen lassen und mit Puderzucker bestäuben.

Noch lauwarm servieren.

Scones mit Mango-Darjeeling

Scones mit Mango-Darjeeling

Gebäck · Zutaten für 20 Stück · Zubereitungszeit: ca. 50 Minuten

ZUTATEN

500 g	Mehl
1 Päck.	Backpulver
30 g	Zucker
1 Prise	Salz
125 g	sehr weiche Butter
1	unbehandelte Zitrone
2	Eier
250 g	Vollmilchjoghurt

zum Bestreichen:

1	Eigelb
1 EL	Sahne

Für die Füllung:

150 g	Crème fraîche
150 g	Doppelrahmfrischkäse
125 g	Mango-Darjeeling-Fruchtaufstrich

1.

Mehl, Backpulver, Zucker und Salz in eine Schüssel geben.

Butterflöckchen, abgeriebene Zitronenschale, Eier und Joghurt zum Mehl geben und kurz verkneten.

Auf einer bemehlten Arbeitsfläche 3 cm dick ausrollen.

Daraus Kreise von 6 cm ausstechen.

2.

Anschließend mit verrührter Eigelb-Sahne bestreichen.

Im vorgeheizten Backofen bei 180°C ca. 15 Minuten goldbraun backen.

Gebäck auf einem Kuchengitter etwas abkühlen lassen.

3.

Crème fraîche und Frischkäse verrühren.

Die noch warmen Scones mit Frischkäsemasse und Mango-Darjeeling-Fruchtaufstrich bestreichen.

Die Scones schmecken nur sehr frisch zubereitet.

Tigelle mit Ziegenfrischkäse und Parmaschinken

Tigelle mit Ziegenfrischkäse und Parmaschinken

Gebäck · Zutaten für ca. 10 Stück · Zubereitungszeit: ca. 40 Minuten (plus 1 Stunde Teigruhe)

ZUTATEN

300 g	Mehl
1/2 TL	Salz
15 g	Hefe
190 ml	lauwarmes Wasser
1 Prise	Zucker
40 g	sehr weiches Schmalz oder 4 EL Olivenöl

zum Ausbacken:

Schweineschmalz **oder** Olivenöl

außerdem:

10 Scheiben Parmaschinken
200 g Ziegenfrischkäse
10 gehäufte TL Aprikosen-Gurke-Minze-Fruchtaufstrich
Minzblättchen, Thymianblättchen
Pfeffer aus der Mühle

1.

Mehl mit Salz in eine Schüssel geben und mischen.

Frische Hefe in das lauwarme Wasser bröseln und Zucker darüberstreuen. Verrühren, bis sich die Hefe aufgelöst hat.

Schmalz oder Olivenöl und Hefe-Wasser zufügen und kräftig verkneten.

Zugedeckt an einem warmen Ort ca. 1 Stunde ruhen lassen.

Teig nochmals kräftig verkneten und auf einer bemehlten Arbeitsfläche 3–4 mm dünn ausrollen. Daraus Kreise (ø 10 cm) ausstechen.

2.

Teigfladen in reichlich heißem Schmalz oder Olivenöl hellbraun ausbacken.

Auf Küchenpapier abtropfen lassen.

3.

Von den noch warmen Fladen einen Deckel abschneiden und die unteren Hälften mit Parmaschinken, Ziegenfrischkäse und je 1 TL Aprikosen-Gurke-Minze-Aufstrich sowie einigen Minz- und Thymianblättchen belegen.

Mit frisch gemahlenem Pfeffer bestreuen.

Klassisch zubereitet bäckt man die Tigelle genannten Teigkreise auf mit Schmalz bestrichenen Tonscheiben. Die Tigelle legt man in den Ofen (Kamin), so dass der Teig in der Hitze der Kohleglut gebacken wird.

Vielen Dank für Ihre Aufmerksamkeit

Wir wünschen Ihnen gutes Gelingen und viele leckere Gaumenfreuden mit unseren Rezepten. Soweit Sie sich an die Angaben in diesem Buch halten, dürfte nichts schiefgehen. Falls doch, verzagen Sie nicht. Sprichwörter wie „Es ist noch kein Meister vom Himmel gefallen" kommen nicht von ungefähr, wir können selber einige Lieder davon singen.

Wir hoffen, Sie auch auf den Geschmack des Experimentierens gebracht zu haben. Wichtig dabei: Sowohl Fehlversuche als auch gelungene Vorgänge sollten Sie sofort aufschreiben, um evtl. gemachte Fehler zukünftig zu vermeiden oder erfolgreiche Kreationen reproduzieren zu können.

Lady Marmelade – Die süße Verführung · Astrid Siefert, Bernd Siefert
1. Auflage · August 2007 · ESSENTO Verlagshaus · Hannover
ISBN 978-3-940335-00-5

Rezeptredaktion: Diane Dittmer · Textredaktion: Rainer Gärtner

Fotos: Matthias Hoffmann, BSK · Delmenhorst · www.hoffmann-fotodesign.de
Foodstyling: Diane Dittmer · Foodstyling-Assistenz: Tamara Burow
Herzlichen Dank an Hardy „wo bleibt der" Meinhard für Studiomanagement, Gelassenheit
und gekonntes Troubleshooting.
Weitere Fotos: iStockphoto, LURCH AG

Design & Satz: G73. Werbeagentur · Hannover · www.g73.de
Korrektorat: Angelika Ulrich M.A. · Hannover · www.textservice-ulrich.de
Druck: gutenberg beuys feindruckerei · Hannover · www.feindruckerei.de
Buchbinderische Verarbeitung: Integralis · Hannover · www.integralis-hannover.de